"边缘"的镜像

「五四」前后四川的政治、文化与思想专题析论

刘宗灵 ◎ 著

燕山大学出版社
·秦皇岛·

图书在版编目(CIP)数据

"边缘"的镜像:"五四"前后四川的政治、文化与思想专题析论 / 刘宗灵著. — 秦皇岛：燕山大学出版社，2022.3
ISBN 978-7-5761-0311-3

Ⅰ.①边… Ⅱ.①刘… Ⅲ.①四川—地方史—文集—1912—1925 Ⅳ.①K297.1-53

中国版本图书馆 CIP 数据核字(2022)第 013434 号

"边缘"的镜像　"五四"前后四川的政治、文化、思想析论
刘宗灵　著

出 版 人	陈　玉
责任编辑	柯亚莉
封面设计	方志强
责任印制	吴　波
出版发行	燕山大学出版社
地　　址	河北省秦皇岛市河北大街西段 438 号
邮政编码	066004
电　　话	0335-8387555
印　　刷	英格拉姆印刷(固安)有限公司
经　　销	全国新华书店
开　　本	880 mm×1230 mm　1/32
印　张	6.5
字　数	130 千字
版　　次	2022 年 3 月第 1 版
印　次	2022 年 3 月第 1 次印刷
书　　号	ISBN 978-7-5761-0311-3
定　　价	38.00 元

版权所有　侵权必究

如发生印刷、装订质量问题，读者可与出版社联系调换
联系电话:0335-8387718

本书出版受到电子科技大学哲学社会科学青年教师成长接力行动计划、电子科技大学2021年度社会科学繁荣计划文科重点项目培育计划资助,特致谢忱!

前　言

省区地方是中国的根本组成单元,国家的总体演变趋势往往会在每个特殊的"地域"中呈现出来。文化上的相交相渗,政治上的央地博弈,经济上的内外融通,社会上的多方流动,是近代中国国家的重要特征。在中国地广人众、内部差异甚大的特殊国情制约下,将中央舞台上发生的事件与时局变迁,置于"地域史"这样地理空间与历史时间交织的维度之中考察,并在政治、经济、文化、社会、自然环境等诸多元素构成的综合体系中展开特定议题的历史审视与多层次探究,是将宏大"国史"在具体"地方史"中的折射映象勾勒出来的重要途径,有利于今人认识普世之月如何映照进山河万川之中。①

巴蜀之地在全国战略格局中的重要性,是毋庸讳言的。四川深居中国内陆腹地,在地理格局上自成一个单元,人口众多,物产丰裕,农耕经济较为发达,近代以来虽因与外界交通困难而民风民俗变迁稍显滞后,但人文环境并不十分闭塞,东部沿海或国家中心区域的各种信息、物资,均能沿着长江水道及其他管道传递入川。1891年重庆开埠以后的四川区域,在近代化浪潮加速冲击之下,也呈现出在新旧之间、传统与现代之间纠葛摆荡之状,外来势力的逐步进入与人员资源的内外对流扩大,亦不可逆转地改变了蜀中的社会结构。②

导致国家政权鼎革的辛亥革命以及影响文化范式裂变的新文化运动等清末民初的"大变局",所造就的社会震荡与结构错位,给处此阶段的四川社会也带来了或剧烈或温和或明显或潜

---

① 笔者在此并非单纯强调四川区域的特殊性与不可通约性,自然每块区域的历史都有其特定的内容、层次与面相,但这并不构成绝对独立于其他区域乃至整个民族国家的相对主义特征。无论映照在具体山川沟谷里的"月光"如何具有此时地的独特意境,但其总是由那一轮深具本质规定性的普世之月播洒出来的光影,微观特殊性与宏观普遍性在此意义上并不截然对立。因此,笔者甚为赞同学界的下述阐释:"尽管在历史学的性质、作用和功能等问题上仍然存在着广泛分歧,但作为一门科学,历史研究绝不应仅仅将描述一些特殊的历史现象、讲述一些特殊的历史故事作为根本使命,它的最终目的一定是实现宏观或普遍历史的科学书写,并在此基础上探索历史规律、诠解历史本质、论说历史嬗变之因。"参见吴志军:《应当注重思考和探究地域史研究的历史哲学基础》,《中共党史研究》2017年第10期,第49页。

② 参见隗瀛涛:《四川近代史》,四川省社会科学院出版社,1985年,第127—137页。

在的绵延不绝的影响。尤其是接受外界讯息较为敏锐的川内读书人,在清末民初政治失范、社会失序、经济滞后的境况下,对乡土地域的内乱纷扰、武人专横状况愤懑于心,而传统伦理规范与价值体系的逐步崩塌,也猛烈地冲刷着他们原本平静的心灵,旧有道德秩序面临着瓦解的危机。这正如既往研究者所论:"长江上游地区社会的近代化打破了人们封闭的安居乐业的传统心态。……在近代化进程中,传统的文化遗产被削弱,而逐渐让位于基本不确定的规范和价值。后一代的成长环境和培育规范直接受到各种潮流的影响:小农经济破产,科举仕途断绝,城市化冲击家庭结构,地方社区日趋解体,农民由乡村大量流向城市,士农工商传统等级错位,重义轻艺价值观四处碰壁……,人们的心理平衡被破坏了。"敏感的读书人们纷纷转向由夔门之外传来的各种新理论、新思想与新主义中寻求自身乃至整个社会的新出路,以寻求对自身与社会苦痛的超克之道。"社会的近代化带来了深刻的社会分裂,近代的环境倾向于把社会原子化,它使社会成员失去共存感和归属感,而产生出危机感和奋斗感。人们要跟上时代的节奏,总感到不安全和焦虑、甚至难以言状的痛苦。"①动荡剧变时代所产生的种种焦虑不安,只有在对社会革新之途的多方求索中才能有所缓解。

民国初年陷入军阀混战泥潭的川中社会,在黑暗困窘中苦

---

① 王笛:《跨出封闭的世界——长江上游区域社会研究(1644—1911)》,中华书局,2001年,第736—737页。按,本书引文中,尤其是20世纪八九十年代的引文,有若干错误,为尊重原文,一仍其旧,不作改动。

苦挣扎的同时,也逐渐孕育着新的不绝如缕的生机,沉沦与转机往往伴生于同一个胚胎之中。尤其是到了"五四"前后,新的传播媒介、新的思想因子、新的组织方式、新的流动渠道等等,均在川内读书人中激发着新的希望,昭示着新的未来。不过,面积辽阔的巴蜀地区内部,也存在着一定的地域差别,在对外部新讯息、新文化与新模式的引入过程中,步调并不一致。例如,作为川省首善之区的省会成都,自然在潮流中有着"春江水暖"的地位,《星期日》《半月》《新空气》《威克烈》《直觉》《四川学生潮》《人声》等各类承载着新鲜因子的新式报刊,便在成都蓬蓬勃勃地生长起来。① 而少年中国学会成都分会、青年砥砺会、青年进德会、各县旅省学会及各类新式报刊社纷纷在蓉成立,营造了一种较为热烈的新文化氛围,虽并不可能一夜之间改变川中思想文化状况,但亦为后续的许多革新埋下了潜移默化的种子。因此,本书选取的个案阐释所在的地域,便以成都为中心,兼及其他区域,但限于篇幅,无法面面俱到,也只能是撷取沧海之一粟略作剖析而已。

与此同时,正如书中所论,不同身份、地位、职业、出身、受教育层次及性格偏好的知识分子,在接受新文化、新思潮与新的言行组织方式过程中的人生趋向及价值选择并不完全相同,甚至

---

① 如1920年初《新青年》上便介绍了编辑部位于成都商业场内的由本地趋新知识青年创办的《新空气》周刊,虽然相对于同期介绍的京沪等地数量颇多的新文化刊物来说,川内的景象显得相当单薄,但也是一种"执拗"的存在。参见《新刊一览》,《新青年》7卷3号,1920年2月,第150页。

还有诸多的差别与歧异。例如,以吴虞、李劼人、孙少荆等为代表的年龄较长、资历较深、物质方面较为匮乏的在地知识分子,便与袁诗荛、邹进贤、曾莱等各方面情况与上述均不同的知识青年在道路抉择、人生践履上有许多不一样的地方。因此,对处于不同层级、不同区位并且背景差异较大的知识分子,应当分别进行探析,而不能视之为一个同质性的整体。因此,本书既选取了吴虞与少年中国学会成都分会群体这样的中上层职业知识分子,也选取了1920年代初期的袁诗荛、邹进贤、巴金等激进知识青年,通过对他们在"五四"前后人生境况与言行活动的考察论述,呈现出处于全国文化"边缘"地带的知识分子群体内部各有色彩的人生路径。

本书为何名之为"'边缘'的镜像"呢？一方面自然是因为僻居于国家西南腹地靠近边陲的地理位置,使得当时国中舆论普遍对于巴蜀之地有一种视之为"国中异乡"的心理倾向——当然,更多的是一种在特定文化想象基础上形成的刻板印象。① 这种印象,既影响着外界对四川的认知,也影响着川人尤其是川籍知识分子的自我认同。另一方面,即使是国家地理空间框架下的"边缘"之地,也会斑斑点点地映射出那个时代的总体镜像,"国史"与"地方史"于此形成曲折缠绕的内里交融,地方以自己的独特形式折射出国家的整体境况,国家以万缕千丝的联系牵

---

① 参见王东杰:《国中的"异乡"——近代四川的文化、社会与地方认同》,北京师范大学出版社,2016年。

引着地方的走势。二者之间不是简单的整体与局部的关系,而是宏观微观、上层下层、外部内里等各种要素的有机化合关系。这正如印在山海湖岳万川间的每一缕月光,都是空中那轮冷月的倒影,但这些光影又并非原初之月色的简单复制,而是融化渗透进了自身所涵蕴的诸种特征。本书只是从地方政治与思想文化的角度作一个十分粗浅的尝试,由于学力不逮及种种原因,难免漏洞百出,贻笑大方,因此,拙著中的种种谬误,还望学者同人多多批评指正!

目 录

绪论 海内外学界的相关学术研究成果述评 …………（1）

 第一节 海内外学界关于近现代四川地方区域史的研究
    成果综述 ……………………………………………（1）

 第二节 海内外学界关于五四新文化运动及其在川影响
    研究综述 ……………………………………………（12）

第一章 "五四"前后四川政治格局的演变与社会一般情形 …（20）

 第一节 民初国家政治秩序的乱局与军阀统治的形成 …（20）

 第二节 民初四川地区的政治乱象与军阀派系 …………（31）

 第三节 四川军阀统治时期防区制的形成及其恶果 ……（42）

 第四节 民国初年军阀统治之下的四川社会情形 ………（54）

第二章 大时代与"小地方"：成都地方精英与五四新文化
   运动的传播及回响 ……………………………………（71）

 第一节 新潮西来："五四"前后的四川地区 ……………（71）

 第二节 时代与个人：新文化潮流下的吴虞和地方
    社会 …………………………………………………（86）

 第三节 少年中国学会成都分会的成立、活动及吴虞的
    参与 …………………………………………………（97）

1

第三章 时代思潮的地方面相:"五四"前后四川趋新青年的
个人生命史考察……………………………………(119)
　第一节 民国地方知识青年的人生样态与生存空间 …(119)
　第二节 激进青年的时代回应:袁诗荛、巴金等与《半月报》
群体………………………………………………(125)
　第三节 "五四青年"的困惑与转型:四川地区趋新知识
分子的个案研究…………………………………(143)
结语 "边缘"的镜像:从"地方"观察国家的近代历史演变 …(165)
参考文献……………………………………………………(172)
后记…………………………………………………………(194)

绪论　海内外学界的相关学术研究成果述评

第一节　海内外学界关于近现代四川地方区域史的研究成果综述

目前海内外学界关于近现代四川地方史的研究成果较为丰富，涉及四川地方社会①的政治、军事、经济、文化、教育等方方面面，给世人呈现了一个丰富多彩的近代四川历史图卷，为包括本书在内的后续研究工作提供了坚实的学术基础。鉴于当下各方面的研究成果已较为充实丰富，本书将只选取若干与本项研究紧密相关的代表性著作展开阐释，以尽可能集中呈现本项研究之所以展开的学术背景。

---

① 本书从历史的角度出发进行相关阐释，因此文中所涉及的"四川"概念均包含今天的重庆市在内，后文不再赘述，请读者识之。

首先,是关于近现代四川地域社会的整体性研究与通史性撰述。由学者贾大泉、陈世松等主编的《四川通史》(全七册),是学界比较有代表性的关于四川整体历史的通史性研究论著,该部成果最初于1993年出版发行,经相关学者重修完善以后,又于2010年出版了修订本。该套论著中的第6、7两册便是关于四川近现代历史演进的总体性论述,以较为宏观的视角从政治、军事、经济、文化、教育等多个层面出发对关涉近代以来四川历史演进的重大事件展开了梳理与阐释,为研究者的专题研究提供了一个可以参考的基本历史框架。隗瀛涛等学者对鸦片战争前后至五四新文化运动时期四川地方的社会演变也进行了整体性的呈现与分析。① 此外,由周勇主编的《重庆通史》(全两册)的第二、三卷,对以重庆为中心的川东地区在近代以来的重要变迁进行了全面的梳理,集中于现代产业经济的发展、区域政治军事的变迁、新思想新文化的传播、城市的建设发展历程、行政区划与人口变迁、新式教育的落地生根、民风民俗的改易流变等等。② 学界的相关考察探讨,为本书的专题研究提供了一个较为全面的整体性时代背景。

其次,是关于近现代四川地方政治军事演变情形的学术专题研究。美籍学者罗伯特·柯白主要探讨的是1927至1937年四川省内的黩武主义和分裂主义,也是对在政治上谋求中央集

---

① 参见隗瀛涛:《四川近代史》,四川省社会科学院出版社,1985年。
② 参见周勇主编:《重庆通史》(全两册),重庆出版社,2014年。

权的人在长久的分裂之后力图把该省重新统一到全国政治中去的种种努力的研究。该著着重围绕防区制的确立与覆灭来探讨四川地方分裂主义形成的观念和制度基础,其对四川历代军阀的政治权力、政治派系、政治利益的构成及其演变问题进行了深度阐释,尤其是将这种演变放在近代以来省区与中央的关系调节与上下博弈的微妙背景中展开梳理,由此对四川军阀的形成缘由、统治形式及其内在嬗变与最终归宿提出了深刻而睿智的见解。① 王春英在《民国时期的县级行政权力与地方社会控制·以1928—1949年川康地区县政整改为例》一书中,以所掌握的第一手资料为基础,以地方制度及其相应的历史情境变迁、县政府及其以下各级基层行政机构与地方势力的关系演变(即权力易位)等作为研究架构,并通过对民国川康境内不同地域的县政运作个案进行定量和定性分析,以民国地方政治制度的改革过程为大背景,把县级政府及其以下各级行政组织的演变作为研究主线,按时间顺序分成专题,着重考察四川及西康两省县级政府、县以下区、乡(镇)、村社等基层行政机构的调整及其职能的充实、县政人员的甄选与训练、基层公务人员的配置及其待遇,以及各县乡镇保甲体系调整等地方行政,探讨地方精英势力在民国后期的发展态势及其与地方行政权力的消长关系,进而透视民国时期地方权力结构的变迁历程。作者力图使"微观"与

---

① [美]罗伯特·柯白著,殷钟崃、李惟键译:《四川军阀与国民政府》,四川人民出版社,1985年。

"中观""宏观"研究有机地结合起来,努力建构一个适于解释近代中国社会基层权力结构变迁的历史空间。① 黄天华则以一系列持续性的深入研究对民国四川政治舞台上各派势力的纠葛博弈进行了细致精微的描述,例如蒋介石国民党中央与川康地方军政势力的互动、川内各派军阀势力之间的明争暗斗、青年党与国民党及川康军人之间的分合互渗,以及川康地区的社会治理、边疆政治与国家建构等问题。② 另外,亦有学者着眼于民国前期川军各派系分割统治之下,军阀长年混战不休、残民以逞的兵患对巴蜀地方社会的深层次伤害,梳理了作为地域性军事力量崛起的川军、影响川军发展的主要因素、川军的结构与素质、川军对地方的财政榨取与恶性渗透等问题,呈现了民国时期政治乱局限束下四川地方社会秩序的紊乱与发展之坎坷。③

再次,便是对近代以来四川地区社会文化、社会组织嬗变及舆论媒体的研究。城市史学者王笛的一系列学术作品对以成都

---

① 王春英:《民国时期的县级行政权力与地方社会控制:以1928—1949年川康地区县政整改为例》,四川大学出版社,2012年。
② 黄天华:《抗战后期地方军人筹组"西南联防政府"及各方因应》[《四川师范大学学报(社会科学版)》2020年第6期]、《青年党与国民党的明合暗斗(1946—1949)》(《社会科学研究》2020年第2期)、《抗战时期青年党与川康军人的分合》[《四川师范大学学报(社会科学版)》2019年第6期]、《四川政潮与蒋介石的因应(1937—1940)》(《历史研究》2017年第2期)、《国家统一与地方政争:以四川"二刘大战"为考察中心》[《四川师范大学学报(社会科学版)》2008年第4期]、《国家建构与边疆政治:基于1917—1918年康藏纠纷的考察》(《社会科学研究》2007年第3期)等等。
③ 张远波:《乱世兵患:1911—1935年川军与当地社会》,华中师范大学博士学位论文,2016年。

为中心的四川区域社会在近代化浪潮冲击之下公共空间的形成与演变过程,进行了细致入微的阐释、分析。在《街头文化:成都公共空间、下层民众与地方政治(1870—1930)》一书中,他从微观历史视野出发,以细腻的笔触对近代成都社会丰富多彩的街头日常生活、引人入胜的街头文化进行了描述,以小见大地折射出与近代中国政治、经济和社会剧变相关的宏大叙事。① 在《茶馆:成都的公共生活和微观世界(1900—1950)》一书中,他以成都常见的街头茶馆为切入点,试图通过阐明作为近代中国城市社会一个公共空间而存在的茶馆的日常运作逻辑及其中蕴含的众生百态,以尝试再现20世纪前50年成都民众的公共生活,通过考察寻求社会控制的地方政府与遍布街头的茶馆所产生的微妙联系,最终呈现近代化进程中国家权力逐步渗透进地方社会的途径与结果。作者通过这样的研究,不仅将在成都这样一个地域社会中产生的独特商业文化与大众消费文化呈现在世人面前,史是将充满斗争与博弈的市民公共领域的丰富色彩描绘了出来,给今人触摸、理解那个时代川西平原的城市社区文化提供了很好的切入口。②

此外,美籍学者司昆仑(Kristin Stapleton)通过多部论著探讨了近代以来成都的城市变迁。在《新政之后:警察、军阀与文

---

① 王笛著,李德英等译:《街头文化:成都公共空间、下层民众与地方政治(1870—1930)》,中国人民大学出版社,2006年。
② 王笛:《茶馆:成都的公共生活和微观世界(1900—1950)》,社会科学文献出版社,2010年。

明进程中的成都(1895—1937)》一书中她着重讨论了近代成都所经历的两个重要的城市改革运动:清末新政(始于1901年)和1920年代的市政运动。她认为在这两个运动中,警察与军阀分别扮演了重要的角色,他们改革的动机虽不同,但都对成都的城市化产生了深远影响,为成都的现代城市雏形打造了基础。该著主要试图回答如下问题:成都这座城市是如何形成今天这样的规模的?成都在中国城市之中的特殊性又在何处?近现代史上又有哪些人曾对成都的城市化进程产生过影响?司昆仑的尝试虽说并未解决所有相关的问题,但对今人了解成都的市政建设进程与城市社会的形成及其演变亦起到了一定的促进作用。① 在另一部著作《巴金〈家〉中的历史:1920年代的成都社会》中,司昆仑以散文的笔法描绘了1920年代成都各个社会阶层——学生、军人、新女性、知识青年、小商人、上层权贵以及优伶、婢女、轿夫、乞丐、妓女等下层民众,在成都这个充斥着革命、改良、动荡以及现代与传统交织互动的省城空间所面临的生存情景与所经历的生活变动,虽较为浅显却又别有意味地呈现了一个时代的多个面相。②

提及民间基层社会组织,对于川中秘密社会的代表性结社团体——袍哥的研究,便是学界长期以来考察与探讨的一个重

---

① [美]司昆仑著,王莹译:《新政之后:警察、军阀与文明进程中的成都(1895—1937)》,四川文艺出版社,2020年。
② [美]司昆仑著,何芳译:《巴金〈家〉中的历史:1920年代的成都社会》,四川文艺出版社,2019年。

要议题。有学者就四川袍哥组织对辛亥革命在地方社会爆发与胜利的影响进行了考察。① 也有论著就四川袍哥组织的架构设置、帮规隐语、会员构成等情形进行了初步探讨。② 也有学者分别对晚清时期、辛亥革命时期、军阀主政时期、抗日战争时期、解放战争时期等不同阶段的四川袍哥组织与袍哥人物展开了细致的纵横向梳理,力图勾勒出一幅比较全面的巴蜀秘密会社画卷。③ 有学者从区域社会史与微观历史的视角出发,探讨了历史大变动背景之下,袍哥这样一个秘密社会组织在特定区域中的运作及其衰亡的历史过程,尤其是通过一些个案的描绘阐释了民间秘密结社组织所营造的公共空间当中历史与现实、国家与社会的互动关系。④ 类似袍哥(哥老会)这样的秘密民间会社对川中基层社会秩序的形塑与影响,是一个值得后人思考与探讨的话题。有的成果则对1936—1937年四川地区大灾荒的概况、成因、影响、救助制度及其防治救济之启示进行了梳理。⑤ 此外,对抗战时期四川的乞丐、难民等社会底层群体生存状况的研究也逐步兴起,以国家-社会多重博弈的视野对近现代四川社

---

① 欧阳恩良:《西南袍哥与辛亥革命》,中国致公出版社,2011年。
② 奂灵君:《四川袍哥研究》,四川师范大学硕士学位论文,2012年。
③ 张嘉友:《四川袍哥简史》,四川大学出版社,2016年。
④ 王笛:《袍哥——1940年代川西乡村的暴力与秩序》,北京师范大学出版社,2018年。
⑤ 徐海凤:《灾荒与社会救助——以1936—1937年四川旱灾为中心的研究》,四川师范大学硕士学位论文,2008年。

会组织的研究也多有起色。①

对于省内外传媒舆论所反映的蜀地认知及其背后态度心理之参差错落,王东杰曾有过非常精彩的分析。他透过对20世纪二三十年代四川处于全国舆论中较为边缘的位置及被视为国中之"异乡"的缘由进行分析,阐释了这一"国中异乡"现象形成的原因以及旅外川人围绕此问题所发表的各种言论,试图在重构相关社会心态的基础上,从"地方史"的角度探索20世纪上半期中国"国家统一"的深层次问题。② 此外,他还从四川大学"国立化"运动这一略显"基层"的个案入手,展示了20世纪二三十年代多方力量博弈互动背景下"国家统一"运动的复杂性与多歧性,着重反映了"国家统一"的地方经验,呈现了近代中国集权与分治的矛盾所体现出的复杂社会内涵,从而深化了后人在近现代中国民族主义生成与"新型国家建构"问题上对历史演进图景的认知和理解。③ 另外,近年来也有越来越多的研究者着眼于对四川地方报刊媒介的考察。有学者从在地报刊的时评专栏考察辛亥革命后地方社会舆论场域中的政治讽刺;有学者从抗战

---

① 程秀梅:《政府控制与四川农会组织的发展(1927—1949年)》,四川大学硕士学位论文,2007年;胡红娟:《抗战时期四川的乞丐问题研究》,四川师范大学硕士学位论文,2008年;赵红娟:《抗战时期四川难民问题研究》,四川师范大学硕士学位论文,2009年。

② 王东杰:《国中的"异乡":二十世纪二三十年代旅外川人认知中的全国与四川》,《历史研究》2002年第3期,第46—64页。

③ 王东杰:《国家与学术的地方互动:四川大学国立化进程(1925—1939)》,生活·读书·新知三联书店,2005年。

时期地方报刊新闻报道中探究重庆民众对日军无差别轰炸的意识演变;有学者则从民国地方时论报刊对四川近代民生困顿的情形报道出发,对彼时社会的民生状况进行了初步的呈现。①相较而言,学界对民国四川地方商业性大报《新新新闻》的研究稍多一些。有学者早年便专门对该报的创办发行情况、时评言论倾向、与各种社会力量的纠葛互动等内容进行了较为系统的分析。②也有学者对该刊在抗战时期的舆论宣传与社会动员进行了探讨,以及对该报上持续刊登的医药广告及其背后意蕴展开了分析。③

第四,是关于近现代四川经济发展状况及与之相连的社会结构的学术研究。彭通湖主编的《四川近代经济史》一书则重点从重庆开埠以后四川农村经济概况、城乡工商业、对外贸易、财政金融、交通运输业、资本主义机器工业、川陕苏区苏维埃经济、战后川内经济总危机等多个角度对四川近代以来的经济变迁情形进行了考察。④ 张学君、张莉红对近代以来四川地区现代工

---

① 王笛:《"虚虚实实"——从〈国民公报〉看辛亥革命后地方社会的政治讽刺》,《史林》2012年第1期;鲁克亮:《抗战时期重庆民众对日军轰炸的意识演变——以1938—1943年〈国民公报〉等报刊为主体的考察》,《西南大学学报(社会科学版)》2009年第1期;刘金:《从民国报刊看近代四川农村经济破产之原因》,《重庆三峡学院学报》2015年第6期。
② 王伊洛:《〈新新新闻〉报史研究》,巴蜀书社,2008年。
③ 杨洁颖:《成都报刊抗战宣传研究——以〈新新新闻〉为例(1931—1945)》,西华大学硕士学位论文,2019年;曹璐:《〈新新新闻〉报纸医药广告研究(1937—1945)》,西南交通大学硕士学位论文,2016年。
④ 彭通湖主编:《四川近代经济史》,西南财经大学出版社,2000年。

业的萌芽、生长、发展及其坎坷命运作了较为宏观而全面的梳理。①李德英则通过翔实的档案文献资料对民国时期成都平原的佃农地主结构、押租押扣制度、地租形态、地租额、地租率、佃农经营与生活、佃农地位、主佃关系等问题进行了认真而细致的探讨,得出了新的结论。②田永秀对近代四川沿江中小城市的经济社会发展进行了探究,其以占四川城市数量绝大多数的沿江中小城市为着眼点,主要研究了近代四川沿江中小城市的发展与不发展的状况、缘由,从中揭示出了现当代四川形成特大城市以至中等城市的城市畸形等级格局的历史原因。③美籍学者曾小萍以自贡盐业的经营和自贡商人为研究对象,对自贡地区的经济精英群体及其与社会各界的互动关系进行了较为深入的阐释,尤其是描述了他们如何调配经济、社会和政治资源,以构建具有浓厚行业与地方特色的地域社会治理秩序,向我们呈现了处于国家版图边缘地带的盐业产销中心城市商业精英的形成过程。④除此之外,还有学者分析了民国前期成都作为内陆城市的工业与社会发展境况,呈现出了成都与彼时工商业较为发达的沿海、沿江城市迥然不同的风貌,尤其是成都手工业体量远

---

① 张学君、张莉红:《四川近代工业史》,四川人民出版社,1990年。
② 李德英:《国家法令与民间习惯:成都平原租佃制度新探》,中国社会科学出版社,2006年。
③ 田永秀:《近代四川沿江中小城市研究》,四川大学博士学位论文,未刊稿,1999年。
④ [美]曾小萍著,董建中译:《自贡商人——近代早期中国的企业家》,江苏人民出版社,2014年。

远大于现代机器产业与其他行业乃至政治军事畸形发展的情况,使得蓉城工人生活体现了鲜明的内陆城市特征。① 也有相关论著直接选取近代成都的城市手工业为研究对象,在重构近代成都城市手工业基本史实的基础上,论述其兴衰递嬗的历史原因,探讨手工业发展与城市社会经济变迁的关系。该著认为,总体来看近代成都城市手工业始终处于一种低度发展的状态,虽然在向现代工业的过渡中表现出明显的滞后化特征,但无论是外来机制品入侵还是本地机器工业的发展,都远不足以撼动手工业在近代成都工业结构中的主导地位。然而,在工业化已经成为推动城市发展的最主要动力的情况下,手工业向现代工业转型的滞后,显然不利于成都城市的现代化。② 四川现代产业发展的落后与缓慢,给四川整个社会的现代化变迁和转型带来了一定的阻碍,也构成了时人展开活动的重要历史背景。

上述各个领域的四川地方社会研究成果,丰富而多元地呈现了那个时代巴蜀大地的纷繁多歧面相,虽然许多成果未必与本书研究主题直接相关,但都构成了本项研究的重要学术参考和进一步开展学术探索的出发点。

---

① 李映涛:《民国前期内地城市工人生活研究——以成都为例》,《中华文化论坛》2005年第4期。
② 张杰:《传承与嬗变:近代成都城市手工业研究(1891—1949)》,华中师范大学博士学位论文,2016年。

第二节　海内外学界关于五四新文化运动及其在川影响的研究综述

迄今为止,海内外学界有关五四新文化运动的研究成果,可说是已汗牛充栋,较为丰富了。彭明、周策纵等学者对五四新文化运动的方方面面做了总体性、全局性的研究,对一些基本史实脉络进行了梳理①;美籍学者舒衡哲从跨时代的文化启蒙视野来探讨作为一场思想启蒙运动的五四运动之前因后果及其历史影响②;美籍华裔学者林毓生将五四运动视为一场失败了的思想革命并探讨了其失败的内在原因③;罗志田则细致梳理了从五四新文化运动到北伐时期政治文化与时代心态的变迁脉络④;高力克深入论述了《新青年》与两种自由主义、胡适与"三不朽"信仰、科学主义与人文宗教等五四思想世界中的重要议题⑤;余英时则根据胡适日记及其他材料探讨了胡适个人生命史中各个重要阶段与中国现代史进程的内在关联,并对五四运

---

① 彭明:《五四运动史》,人民出版社,1984年;周策纵著,周子平等译:《五四运动:现代中国的思想革命》,江苏人民出版社,1999年。

② [美]舒衡哲著,李国英等译:《中国的启蒙运动:知识分子与五四遗产》,山西人民出版社,1989年。

③ 林毓生:《中国意识的危机:"五四"时期激烈的反传统主义》,贵州人民出版社,1986年。

④ 罗志田:《激变时代的文化与政治——从新文化运动到北伐》,北京大学出版社,2006年。

⑤ 高力克:《五四的思想世界》,学林出版社,2003年。

动与中国传统之复杂关系进行了深刻反思①;王汎森以细腻笔触分析了五四运动给知识分子个人生活世界所带来的变化,并对1920年代中国思想界围绕尊崇新主义还是投身新学术进行的论战与内部分裂展开了分析②;格里德以五四运动前后东西方文化的碰撞交织为背景,通过分析五四新文化运动中的代表人物胡适的理论与思想活动,论证了在中国这块古老的土地上进行现代化建设的必要性和艰巨性③;陈万雄对五四新文化运动的领导力量、活动舞台、历史渊源、角色认同、地方回响等进行了专题性的探讨④;瞿骏探讨了从晚清到"五四"这个转型时代学生生活史的变化,将五四浪潮对个人日常生活层面的影响展示了出来,此外还注意到了新文化运动中的边缘人物或"失语者"所呈现出来的不同历史面相⑤;黄爱军专门研讨了五四时期青年进步社团对于各地中国共产党早期组织创建的孕育推动作

---

① 余英时:《重寻胡适历程:胡适生平与思想再认识》,上海三联书店,2012年;余英时:《现代危机与思想人物》,上海三联书店,2012年。
② 王汎森:《五四运动与生活世界的变化》,《二十一世纪》(香港)2009年6月号;王汎森:《主义与学问:一九二〇年代中国思想界的分裂》,收入许纪霖主编:《启蒙的遗产与反思》,江苏人民出版社,2010年。
③ [美]格里德著,鲁奇译:《胡适与中国的文艺复兴:中国革命中的自由主义》,江苏人民出版社,2005年。
④ 陈万雄:《五四新文化的源流》(修订版),生活·读书·新知三联书店,2018年。
⑤ 瞿骏:《天下为学说裂:清末民初的思想革命与文化运动》,社会科学文献出版社,2017年。

用①;莫里斯·迈斯纳研究了五四运动重要人物李大钊与中国马克思主义起源之间的关联②;王晴佳则从中外相关学界学术兴趣之异同的角度分析了五四运动在西方中国学研究中的地位、成就与特点等问题③。既有论著举不胜举,实在无须在此一一赘述。无论是政治背景、思想流变、重要事件抑或人物个案等领域,均有学者做过深浅不一的相关探讨和研究。不过,值得一提的是,既往学者多注重"五四"在思想文化学术等方面的意义或是其作为历史转折点的整体性价值,但是在众多论述所描绘的主流图像之外,尚有一些非主流的历史图像值得我们去注意。比如与笔者的研究取向相类似的学术路径——以人物、社团、关系网络、教育模式等构成的地方社会内在脉络为切入点,以系统性地探讨作为一种社会结构塑造力量的五四新文化运动,对某个具体地理区域的政治环境、文化氛围、社会心态、言行模式等方面的全方位影响为研究主题,以还原五四时期具体语境中地方社会历史的复杂面相为研究目标——仍应是"五四"这样一个现代中国历史研究的"富矿"中可以继续挖掘的领域。20世纪80年代以来,各省区先后以"五四运动在某地(如山东、天津、贵

---

① 黄爱军:《五四进步社团与中共创建关系研究》,社会科学文献出版社,2018年。
② [美]莫里斯·迈斯纳著,中共北京市委党史研究室编译组译:《李大钊与中国马克思主义的起源》,中共党史资料出版社,1989年。
③ 王晴佳:《五四运动在西方中国研究中的式微?——浅析中外学术兴趣之异同》,《北京大学学报(哲学社会科学版)》2009年第6期。

州、江西等)"为名搜集编著了一批资料集,但迄今真正以地方视角为中心的研究成果却较为少见,既有的部分以地方为名的相关成果,也大多仅是在地方层面对这一运动的全国性特征进行简单的"复述"与"证明",缺乏对真正的地方人物及其所处地方语境的细致考察,仍属某种意义上的宏大叙事。

不过,该取向在近些年来也得到了少数学者的关注与学术实践。其中较具代表性的成果有:季剑青从新文化再生产的角度出发,探讨了五四新文化运动在山东这个地方场域中呈现出来的与"正统"模式不一样的情形,如地方政治精英对初期运动的主导与操纵,地方教育精英对新文化资源的攀附与挪用,激进青年对新式话语符号的选择性吸收与创造性利用①;张仲民则以舒新城这个五四时期湖南地方社会的下层知识分子为个案,探究了以舒为代表的一批普通地方读书人出于各种目的对时代"主流"思潮的选择性回应,尤其是这种回应对他们人生道路与新文化的地方性蜕变的重要作用②;章清通过梳理文化边缘地区读书人对《新青年》等新锐报刊的阅读与选择性吸收,揭示了地方知识分子在新文化传播与接受过程中的主体性及对地方新文化的形塑作用③;凌云岚则探讨了湖南这个内地乡土社会在

---

① 季剑青:《地方精英、学生与新文化的再生产——以"五四"前后的山东为例》,《现代中国文化与文学》2009年第2期。
② 张仲民:《舒新城和五四新文化运动》,牛大勇等编:《五四的历史与历史中的五四》,北京大学出版社,2010年。
③ 章清:《五四思想界中心与边缘——〈新青年〉及新文化运动的阅读个案》,《近代史研究》2010年第3期。

"五四"前后的舆论氛围与社会心理,以及这种氛围与心理对湖南读书人接受新文化的方式、喜好与抉择所起的制约作用①;美籍华裔学者叶文心(Wen-hsin Yeh)以来自浙江金华的"敏感青年"施存统在"五四"前后的人生经历为主线,阐述了浙西地域社会的文化特征与京沪地区的激进氛围在施氏身上形成的张力及对其人生道路的塑造②。

就直接与四川地方社会五四新文化运动相关的研究成果而言,目前虽有若干回忆文章、事主访谈对四川地区的五四新文化运动及其社会情形有所涉及(如张秀熟、李劼人、林如稷等亲历者的回忆),也有初步的资料编纂工作完成(如《五四运动在四川》,1989年;《五四运动在重庆》,1984年;等等),然而,就笔者目力所及,有关该主题的既有研究尚比较单薄,深入的专题性系统研究仍付诸阙如。在为数不多的成果当中,有一些是对当时较知名的川籍新派读书人如吴虞等人的研究,还有对当时新文化派的对立面或中立者的描述,或者是对在五四浪潮中成长起

---

① 凌云岚:《五四前后湖南的文化氛围与新文学》,北京大学出版社,2008年。

② Wen-hsin Yeh: *Provincial Passages: Culture, Space, and the Origins of Chinese Communism, 1919—1927*, Berkeley: University of California Press, 1996.

来的革命知识分子王右木、杨闇公等人的个案研究。① 还有的就是一些早期较为简略的综述性文章。②

相较于上述诸成果,本书并不限于将五四新文化运动视作一系列政治事件、思想观念或话语,而是更注重其作为符号资源、社会动员力量或是象征资本的作用,亦即更多的是将之视为一种地方社会结构的塑造力量,能引起地方政治氛围、文化生态、社会面貌等因素变化的重要触媒。因此,本书可以弥补既往研究过于注重上层历史或京沪等中心舞台个别名人精英的偏颇,从在地性的视角更真实地呈现五四运动在地方落地生根的丰富历史图景。

本选题的学术价值和意义体现于:有助于我们今人对"五四新文化运动"这一历史事件是如何在四川这个特定区域的地方社会中具体化的有一个比较切实的认识,深化"五四运动在地

---

① 黄天华:《从辛亥革命到新文化运动:吴虞与民初四川思想界的演变》,《四川大学学报(哲学社会科学版)》2011年第6期;黄天华:《中共早期历史中值得关注的几个问题——以1921—1927年四川为例》,《四川师范大学学报(社会科学版)》2011年第4期;刘宗灵:《论王右木与四川地区中国共产党早期党团组织的创建》,《绵阳师范学院学报》2018年第3期;邢家强:《论杨闇公的社会主义观》,《重庆交通大学学报(社会科学版)》2004年第2期;许丽梅:《民国时期四川"五老七贤"述略》,四川大学硕士学位论文,2003年,未刊稿;曾小敏:《李劼人在五四时期的报人生涯》,《文史杂志》2002年第3期;成都市档案馆:《有关王右木与〈新四川〉、〈人声〉旬报的几件史料》,《民国档案》1990年第1期;等等。

② 孟默:《新文化运动在四川》,《新文学史料》1979年第3期;匡珊吉:《五四革命风暴在四川》,《社会科学研究》1979年第2期;匡珊吉:《马克思主义的传播与四川建党》,《社会科学研究》1981年第6期。

方"这一方向的学术研究。因此,本研究着重从地方"场域"内在脉络变迁以及地方知识分子对新思想、新理念、新文化(包括马列主义革命理论与组织)的接受这一视野出发,来勾画四川这一特定区域内五四新文化运动落地生根的历史面貌,既避免前人以常用的宏大叙事模板简单"复述"地方历史,也避免陷入"就地方论地方"的窠臼,具有从地方史、社会史、政治史的不同视角重建五四运动的地方历史面貌的学术意义。

需要强调的是,本研究是从广义的角度来理解五四新文化运动(或五四运动)这一历史概念的。众所周知,学界对五四运动的时间界定有狭义和广义之分。狭义地讲,五四运动专指1919年5月4日那一天在北京发生的,以反抗巴黎和会涉中国山东权益决议的学生示威游行,以及其引发的一系列罢课、罢工、罢市及其他事件。在这场运动发生后不久,部分青年学生与媒体便将之名为"五四运动"。对于新文化运动,时人多数认为是五四学生运动之后才全面展开的。随着时间流逝与研究的深入,学界与理论界开始以长时段的视角去看待五四运动,不再限于短短数月的街头运动,并将五四运动与新文化运动视为互相作用、互相包含的密不可分的整体,多以"五四新文化运动"或"五四运动"(广义上的)统一指称这两场历史事件。但是,关于广义的五四运动的起止时间目前学界有不同的看法,具体说来,大致有1915至1921年、1915至1923年、1917至1921年、1917至1925年、1917至1927年等多种不同观点。最后一种说法,是将1917年陈独秀携《新青年》正式进入北大,并与蔡元培、李大钊、胡适、高一涵等人形成松散的新文化共同体视为运动的上限,将1927年大革命的失败视为下限。在本书的研究中,笔者采纳最后一种意见,以1917年至1927年为主要考察时段,因为1917年前后吴虞、陈岳安、吴芳吉等新派人物已将新刊物、新思想等引入蜀中,1927年四川军阀及地方势力大肆屠杀中国共产党人与国民党左派的"三·三一"惨案之后,已极为松散的所谓"川中五四新文化运动同盟"亦就此不复存在了,全国局面制约下的四川地方历史发展演变路径亦将迎来其自身的重大转折。当然,因为历史研究对象的丰富性与混杂性,这样的时段划分并不严谨,在叙述阐释与材料的运用上也不可能严格地以这一起止时间为分界,此点还请识者知之。

第一章 "五四"前后四川政治格局的演变与社会一般情形

第一节 民初国家政治秩序的乱局与军阀统治的形成

武昌起义之后,天下沸腾,清廷陷于土崩瓦解之局,1911至1912年之交,民国逐步肇建,似乎给自清末以来一直沉沦于国运衰颓、神州陆沉的国家带来了新的生机。孰料,由晚清北洋集团蜕变来的北洋军阀势力,以武力为后盾,施展各种手腕获得政权之后,大开历史的倒车,政治上厉行专制镇压、党同伐异,经济财政上施政紊乱、竭泽而渔,乃至最后走上复辟旧制、毁法乱政的不归路,使时人不禁产生"无量头颅无量血,可怜购得假共和"(蔡济民《书愤》)的慨叹。政治秩序的紊乱与社会秩序的趋于崩溃给全国民众带来了深沉的绝望感。有学者便认为:"北京军阀政治斗争这段可悲的记载表明,1928年以前的立宪政府的失败不应当理解为有效政体的衰落,而应当理解为从来没有能力建立这样的政府。段祺瑞、吴佩孚和其他全国性的领袖有时对这个国家的大部分地区建立了有实力的军事控制权。但是这种成就主要是在军事上;从来没有随之或与之结合而建立有效的政治制度,从而规定真正文官政府的权力。也没有做出认真努力去动员人口中有影响的分子来加强政府的政治机构。……军阀们的弱点不在于他们谋求权力,而在于他们对权力是什么构成的眼界很窄,因而不能扩大其非军事的方面。"总而论之,"还是可以恰当地说,军阀给无数的中国人直接和间接地带来了恐怖和剥削"。①

在国家权威来源分裂、治理体系支离破碎的境况下,既往传统政治范畴内的军地关系与文武关系,逐渐陷入不断动荡、恶化的状态。正如论者所述,自湘军势力兴起至北洋军阀统治体系的形成,以绅领军、以文制武的传统政军模式逐步转变为以军统绅、以武控义的近代军阀模式。②"乱世英雄起四方,有枪便是草头王"的有枪无道情形,便是民国时期军阀政治的最典型表征。在儒家经典尚起到规范作用的传统社会,蛰居于乡里的读书人与耆老、族首等共同构成一个绅士阶层,往往负有办团保民、领军卫道、护卫桑梓的伦理责任。正如著名学者张仲礼先生

---

① [美]费正清编:《剑桥中华民国史(1912—1949年)》上卷,中国社会科学出版社,1993年,第352—353页。
② 应星:《从"地方军事化"到"军事地方化"——以红四军"伴着发展"战略的渊源流变为中心》,《开放时代》2018年第5期,第12页。

所言:"绅士作为一个居于领袖地位和享有各种特权的社会集团,也承担了若干社会职责。他们视自己家乡的福利增进和利益保护为己任。在政府官员面前,他们代表了本地的利益。他们承担了诸如公益活动、排解纠纷、兴修公共工程,有时还有组织团练和征税等许多事务。他们在文化上的领袖作用包括弘扬儒学社会所有的价值观念以及这些观念的物质表现,诸如维护寺院、学校和贡院等。"① 但是,随着清末民初皇权体系崩溃,整个社会的意义危机与价值危机相继产生,处于风雨飘摇之中的中国社会政治秩序的制度基础急需重构,然而在经典时代的传统等级秩序崩坏以后,内忧外患之下的中华文明共同体却暂时失去了在政治上、文化上自我修复的能力,没有能够立即建立起来一个新的整体性秩序。② 在科举被废、皇权消亡、秩序板荡的状况下,旧式乡绅失去了与体制的密切关联,他们对乡土社会所负的伦理责任与道德义务也都随之消散于无形了。③ 在如此情况下,各色军阀、团阀及依附于其基础之上的官僚系统等以武力为支撑的派系政治与掠夺型财政经济便在各区域大行其道了,血缘主义、地缘纽带、利益交换构成了此种政治模式的三大基

---

① 张仲礼著,李荣昌译:《中国绅士——关于其在 19 世纪中国社会中作用的研究》,上海社会科学院出版社,1991 年,第 54 页。
② 参见[美]张灏著,高力克等译:《危机中的中国知识分子——寻求秩序与意义》,山西人民出版社,1988 年,第 2—11 页。
③ 传统乡绅的衰微与新式地方强人的崛起过程,在地方县域有非常充分的表现。可参见《寻乌调查》(1930 年 5 月),《毛泽东农村调查文集》,人民出版社,1982 年,第 105—133 页。

石。以研究近代中国军阀政治特性闻名的美籍学者齐锡生就认为,在社会失序、军阀混战的大环境下,中国派系政治中的个人属性非常明显。一支队伍的特性应该归于其领导人的属性,政治效忠的焦点是首领,而不是政治观念或制度。①

近代中国的军阀统治秩序是在通常所称的北洋时期逐渐形成的,北洋军阀是近代中国最大的军阀集团之一,在民国初年一度操纵了中央政府,掌控了部分国家权力,深刻影响了当时国家政治与经济社会的走向。但是,北洋集团也不是铁板一块的政治共同体,而是一个以猎取权力、资源为目标的利益集团,缺乏共同且稳定的治国理念与政治信仰,其自身潜藏着深刻的内部分裂因子。随着民初袁世凯复辟失败并一命呜呼之后,北洋集团内部派系矛盾开始显露,逐步趋于四分五裂,很快便致使整个国家陷入中央政府权势衰微,地方势力相继崛起,各派系力量互相之间攻伐不断的境况,给国家民族带来了极为深重的灾难。在近代中国政坛上曾叱咤风云的北洋集团也在社会失序、天下扰攘的语境下逐渐沦落为对国家民族现代化事业有害无益的,既无治国能力与足够权威,又缺乏现代价值观的保守型、食利性军事政治集团。正如论者所述:"作为一种特殊统治形式的军阀政治,并非一开始就以完备的形态出现。随着民初社会阶级矛盾的不断激化,它的特征才愈来愈明显,袁世凯的上台不同于改

---

① [美]齐锡生著,杨云若、萧延中译:《中国的军阀政治(1916—1928)》,中国人民大学出版社,2010年,第62页。

朝换代,与欧美国家总统更替也不一样。他之所以能出任大总统,主要是因为他掌握着一支军队。"①"武治"取代了传统的"文治",但又没有一个足够强大的武力能够一统全国并重建秩序,规模不等、旷日持久的军阀混战便成为彼时中华大地上常见的悲惨景象,"中国在军阀时代的内战和日本在战国时代的内战基本的原因是相同的——战争以争夺土地为目标,争夺土地为的是养兵。中国的大小军阀好像日本的大小大名。一九二八年以后有了红军,为了农民而争夺土地,中国内战的性质才有了改变。……军阀时期中重要的军阀和军阀的派系,订立了武力统一全国的政策,以全国土地为争夺的对象;次要的和小军阀,野心没有那么大,只在一个地方保全势力或向外作有限度的发展,以争夺一小块土地为对象"。②

北洋军阀的统治不仅给中国政治的现代化带来了极大的消极影响,也给经济、外交、教育、科技、社会民生等带来了极大的冲击。以外交而论,虽然国体、政体与行政主体发生了变化,但中国所处的险恶国际环境与半殖民地半封建的社会性质及"人为刀俎,我为鱼肉"的国际地位并没有发生根本性的改变,中国在国际舞台上仍然处于任人宰割的状态,"弱国无外交"的情形仍在延续,"五卅惨案""万县惨案""沙基惨案""七二渝案""汉口

---

① 李新、李宗一主编:《中华民国史》第 2 卷上册,中华书局,2011 年,"前言",第 2 页。

② 陈志让:《军绅政权——近代中国的军阀时期》,生活·读书·新知三联书店,1980 年,第 34 页。

一三惨案""南京惨案""济南惨案"等一系列严重损害中国国家主权和中国人民生命财产利益的惨案事变接连发生,就证明了民国肇建以后资本-帝国主义势力对中国的侵略伤害比之晚清有过之而无不及。学者认为,近代以来,外国列强以强势入侵中国,在政治、经济、军事、文教各方面均有越来越大的影响,因此,对外关系在中国政治中的地位日渐重要,有时甚至成为统治者关心的头等大事,远远超过他们对国内问题的关注。这说明旧中国统治者的权力基础很大程度上仍然是建基于列强对其承认与扶持之上的,如果得不到东西方列强的认可,其所谓的"合法性"就会大打折扣,统治权力也无所施展。这就决定了统治中国的军阀政客们对外政策的软弱性与依附性,他们不可能在必要的时候去有力、有效地维护国家权益与尊严。正因如此,民国初年的各届政府与各类统治集团,无不将争取列强承认作为自己的首要任务之一,企图以此获取更多的执政资源。而以英、法、德、俄、美、日六国为代表的资本主义列强,在辛亥革命爆发后,就以"中立"为名,观望中国政局的变化,企图利用中国政治鼎革之际的动荡巩固既得侵略权益,进而攫取新的权益。①

彼时的社会舆论一般均对军阀干政、强人掌权的局面持相当负面的评价态度。民国知名学者、社会活动家王造时曾于1929年谈道:"现在我们一旦把君主踢倒,政治之中心,当然随

---

① 汪朝光:《民国的初建(1912—1923)》,张海鹏主编:《中国近代通史》第6卷,江苏人民出版社,2007年,第70页。

之失落;中心一失落,又无新的民主中心势力起来代替,结果,当然要酿成二十年来,挂名共和,军阀混战的怪现象。"① 在他看来,这些军阀虽受新思潮影响,却又不够"新",有时标举着"保卫传统"的大旗,却又基本上不受传统旧道德、旧伦理的约束,实际处于新旧交织的边缘地带,且日趋分化,而终演成军阀割据、混战不休的分裂混乱状态。其时,部分同盟会员也较早地对袁世凯之流祸乱国家的狼子野心和倒行逆施保持了高度警惕:"孰意袁氏病民病国之行,日以加甚,俨然帝制自为,且较亡清为尤甚。夫忠告不见信,骂詈不见畏,举国人民之痛苦,亦毫不加惜,是弃民也,是杀民也。弃民者民亦弃之,杀民者民亦杀之,则袁氏今日之地位,已由国民属望者变而为反对,更由反对者变而为公敌矣。夫外侮之来,实由内患,苟袁氏而稍以人心待我国民,则吾绝不愿反对之。惟内国之敌不去,外侮之对付元从,袁氏既自甘以国民为敌而弃之杀之,则吾国民岂竟甘受之乎? 此天仇所以不忍缄默者也。爰布其最近之罪状,以与国民共讨之。"② 不过,民国初年同盟会所掌握的军政实力并不强大,他们虽然相继掀起或积极参与了二次革命、护国战争、护法运动等一系列反抗封建官僚与北洋军阀集团等旧势力的革命活动,但终究不能依凭

---

① 王造时:《中国社会与中国革命》,上海,1929年,第86页。转引自陈志让:《中国军阀派系诠释》,收于张玉法主编:《中国现代史论集》第5辑,联经出版社,1980年,第5页。

② 天仇:《讨袁世凯》(1912年4月26日),收于唐文权、桑兵编:《戴季陶集》,华中师范大学出版社,1990年,第361页。

自身的力量扫荡蟊贼、澄清政治与重建国家。民国早年的国家政治制度层面,日益陷于中央治理系统紊乱扰攘、地方势力分裂割据、社会秩序板荡瓦解的不堪之局。

军阀混战与国家秩序崩坏的局面,反复蹂躏着这片多灾多难的土地,给近代中国的人民福祉与政治整合带来了巨大的伤害,更是严重阻碍与摧残着整个国家的现代化事业。首先是各个军系势力的部队越打越多,老百姓要供养的军人也越来越多,以致于不堪重负。为了所谓的"统一",为了消灭对手方的割据,"军阀们发动了许多次战争。战争愈多,军队也愈多,地盘的问题愈严重,养兵的问题也愈严重"。① 沉重的军费压力,及其与枪杆子和执政权柄的紧密关联性,不仅使得暂时的当政者不惜一切代价从民间竭力汲取财富资源,导致民生凋敝、资财枯竭,相应地也会严重阻碍民间资本和工农商各式产业的健康发展,导致国家经济尤其是乡村经济长期挣扎于"普遍贫困化"的生存性危机泥潭中,甚至出现大多数民众物质生活水平几乎回到人类社会发展初期的经济"返祖"现象。②

其次,是军队的私有化问题日益严重,这不可避免地导致各

---

① 陈志让:《军绅政权——近代中国的军阀时期》,生活·读书·新知三联书店,1980年,第52页。

② 可参见王先明:《试论城乡背离化进程中的乡村危机——关于20世纪30年代中国乡村危机问题的辨析》,收于徐秀丽等主编:《中国近代乡村的危机与重建:革命、改良及其他》,社会科学文献出版社,2013年,第3—19页;张永:《家庭伦理与革命伦理:中国共产党早期党员的伦理归属抉择》,《东南学术》2020年第3期,第237—245页。

地兵为将有、割据称雄的混乱局面。正如学者所论,"中国近代军阀最显著的特点,是掌握了一支听命于军阀个人的军队"。因此,从这个意义上说,袁世凯于清末小站练兵开始掌握了新建陆军,就标志着近代中国军阀力量的兴起。"袁的作法为各省仿效,于是一支支脱离中央控制的地方新军纷纷建立,为培养干部的各级军事学堂一一兴办,这不仅大大增加了地方对中央的离心力,而且一批拥有实力的军官应运而生,他们是地方上大大小小的袁世凯。"① 哪怕是后来以所谓"打倒军阀除列强"口号自命的国民革命军,其在国民党政府统治时期的私有色彩亦是非常浓厚,甚至严重影响到军队的指挥体系与内聚力、战斗力。有研究者曾经指出:"蒋介石控制国民革命军的主要手段是通过人事变更,而不是制度建设。他抱着军队私有的观念控制国民革命军,其方法是吞并而不是改造。派系之争始终是国民革命军无法去除的痼疾。蒋介石以军官的出身来决定与他们的亲疏关系。……他培养对自己忠诚的将领出任统军大员,要求官兵信仰其个人,打乱了军队的上下级秩序,人为地造就派系。在蒋介石的集权统率下,嫡系集团的将领只知道服从他本人,各级指挥机构形同虚设。于是出现了除了蒋之外,谁也无法指挥的局面。"② 这样的局面,既是清末民初以来历届政权武力私有化、制

---

① 谢本书、冯祖贻主编:《西南军阀史》第 1 卷,贵州人民出版社,1991年,第 18 页。

② 李宝明:《"国家化"名义下的"私属化":蒋介石对国民革命军的控制研究》,社会科学文献出版社,2010 年,第 293—294 页。

度崩解化的必然结果,也是传统文化消极面在中国近代化的艰难历程中"百足之虫,死而不僵"的一种发酵式呈现。

最后,与军事政治制度瓦解裂变与堕落化相应的是,传统的伦理道德范式也在加速解体。由"血亲""利益""观念"三个要素均衡运动所构成的有机体本来是中国传统政治系统的本质,但在迷惘混沌的乱世中其内在结构难免错位,直接或间接利益的交换,以及基于血缘、地缘、学缘等派系小集团的内部认同,越来越压倒制度、观念、信仰等深度价值忠诚。这样的状况在传统伦理道德加速崩坏的北洋军阀时期表现得最为明显。有学者便从军政关系角度解析近代中国国家内部权力结构之嬗变:"在一九一二年以后,军人的势力壮大。中国的行政机构从上到下,却变成了军人领导绅士的政权。北京的总统,总理,国务院,国会受军人操纵;各地方的县长,乡长也受军人的操纵。这种政权我们叫作'军-绅政权'。"① 各级传统的"父母官"为军头兵痞或地方强人所掌控挟制,无疑体现了学者所称的"保护型经纪"向"盈利性经纪"的转型②。旧有乡绅的道义责任与社会救济抚恤职责,逐步被以武力为后盾的地方军事强人面向乡土的资源无限度汲取所替代,预示着植根于乡土地域社会的伦理道德体系的朽坏崩解,这些都是近代中国社会一度走向黑暗混乱深渊的重要

---

① 参见陈志让:《军绅政权——近代中国的军阀时期》,生活·读书·新知三联书店,1980年,第4页。

② 相关论述,可参看[美]杜赞奇著,王福明译:《文化、权力与国家——1900—1942年的华北农村》,江苏人民出版社,1996年。

根源。

民初全国呈现军阀横行、制度崩溃、秩序紊乱的局面,各个省区和地方情况虽各自有所不同,但大致都是类似的。有的地域是多个省区同归一位军阀头子控驭,如华北、东北的情形,直系、奉系、皖系均是横跨多省的军阀派系;有的省区在一定时段内呈现出一家独大,军政"巨头"号令一方的局面;有的省区则是多家军阀裂土而治,互相攻伐抗衡。当然,整个民国时期本质上都是枪杆子说了算的军人横行状态,武治取代了文治,军令、政令始终未曾统一过。在长达数十年的强人争霸、军阀横行期间,各地也经历了不同军头势力的更替迭代,各省的权力运作状态也都经历过剧烈的分化整合,正所谓"眼看他起朱楼,眼看他宴宾客,眼看他楼塌了"。放眼观去,"城头变幻大王旗"的局面在每个省域交替上演,新桂系对老桂系的取代,新滇系对老滇系的颠覆,黔系军阀内部的自相残杀,川系军阀内部的分化组合与阵营变幻,以及其他全国或地方派系基于实力、利益争夺的裂变演化,一刻都没有停止过。作为本书论述主体的巴蜀大地,其在政权鼎革之后的政治局面,更是紊乱不堪,呈现出一省之内少有的权力碎片化与常年混战不歇的状况。正应了那句古人常言的老话:"天下未乱蜀先乱,天下已治蜀未治"。川省革命党人在1911年借保路运动率先参与了埋葬清王朝的战役,举起了反抗专制王朝的义旗,建立起了全国第一个脱清"独立"的地方军政府。但是,在之后的数十年内,不少之前的反清志士在掌握了权力后转身蜕变为军阀政客,之前投笔从戎号称誓死保卫桑梓的军人成为寄生于武力并不断挑起内战的藩镇诸侯。下文便将依次阐释在民国早年的四川是何以形成军阀竭泽而渔、榨干乡土的防区制统治模式的。

第二节　民初四川地区的政治乱象与军阀派系

辛亥革命以后,全国政局日趋动荡。二次革命、护国战争、护法运动等均波及了四川,极大地冲击并塑造着川中政局。有学者认为,作为一个整体的四川省的内部分裂就是从辛亥革命运动所造成的权威失坠、政治失序的乱局开始的:从1912年起到1937年国民政府迁都重庆的这段时期中,外部权力与军事力量对四川鞭长莫及,这与四川省本身地理上独踞一方、经济上自给自足、政治上同中国其余地区脱离的历史源流有关。在席卷全川的保路运动冲击下,成、渝等地带动川西、川东片区纷纷脱清独立,在"乱世英雄起四方"的天下大乱特殊情况下,甚至一度形成了成渝对峙的局面,这为川内政局及其权力控制体系的长期分裂埋下了潜在的种子:"随着清朝统治的崩溃以及继之而来的四川军阀主义化,全省的统一便不复存在了。在四川,正如在整个中国一样,一旦官僚行政机构的准则和制度不再能正常发挥作用,地理条件便使维持有效的中央集权变得困难了。位于盆地四周的山区既不易到达,也难于控制。盆地内部出产富饶,主要城市分散在省内各地,丘陵地区的交通极为落后,这一切促成了民国初年地方行政的四分五裂。"地域的辽阔、地形的复杂、交通的不便及川内政治中心与经济中心的逐渐分立,多种因素的聚合导致了政治分裂局面的形成与持续,"四川是在革命的最初日子里开始分裂的。甚至1911年宣布独立以前,在分散的保路同志会领导下,遍及全川的很多县都发动过反抗清政府的起义。随着革命的兴起,一县又一县宣布独立。除由旧省咨议局的领袖们在11月下旬建立的成都政权外,另有三个著名的政府也出现了:一个在长江的巨大港口重庆,另一个在长江上游的泸州,还有一个在邻近陕西边界嘉陵江上的广元。两个重要权力中心——重庆与成都,在1912年3月达成合并的协议。但是由于容许军事当局驻扎重庆而行政当局则留在成都,重建一个统一而有效的省级政府的目的未能实现"。①

保路运动掀起的浪潮席卷全川不久之后,二次革命也再次在川中燃起烽火,镇守重庆的原同盟会军事力量在熊克武、但懋辛、杨庶堪等人率领下誓师讨袁,不过很快失败,川中政治局面稳定了一段时间。②但很快巴蜀大地烽烟又起,1915年底由蔡锷等人领导的反袁复辟护国战争,便是以四川为主战场,南北双方势力在川南拉锯作战数月。护国运动初步胜利以后,滇黔军队相继名正言顺地入驻蜀中各要地,刘存厚、钟体道等旧川军在蓉城附近倒戈响应,川籍革命党人熊克武、但懋辛、余际唐等则随蔡锷护国军一同入川,沿途召集旧部,以熊克武为司令,组建

---

① [美]柯白著,殷钟崃、李惟键译:《四川军阀与国民政府》,四川人民出版社,1985年,第13—14页。

② 周勇主编:《重庆通史》第1册,重庆出版社,2014年,第521—524页。

"四川招讨军",在川南宜宾一带积极配合护国军作战,很快便进驻重庆。政治军事局势的迅速演变,深刻地搅动了"后袁世凯时代"的四川局势。在战争末期,入川之北洋军、滇军、黔军及既有川军等各路军队既数量众多、派系芜杂,内部关系也已比较微妙,"川北两军本不睦,曹夙待周如对仆役,周尤衔之,甚悔前此之附逆,蜀如宣布,周、曹必相残杀。周或非曹敌,循公务速作准备,届叫迅出綦、渝,并预饬南川部队截击重庆下游,拦取曹军辎重为要。二庵历电,请以杏村、时若统带滇军四梯团,意在外拒北逆,内安反侧。锷前已允撤十营,实则合叙、泸之滇军,现仅十三营,而兵不足额,其中持新械者只九营,不过姑应之,以壮其气耳。查陈氏所部,现有北军冯、伍、李三旅,川军第一、三师全部,第二师之一旅弱,成都新成步兵一团,合计不下五十营"。① 被委任为四川督军的蔡锷入成都不久便因喉疾辞职赴日医治,滇军首领罗佩金、黔军首领戴戡率军进入四川政治中心成都以后,与原川军旧将第二师师长刘存厚及其他川军力量之间因利益争夺导致的尖锐矛盾日益扩大,逐渐形成你死我活的争斗之势,再加上外部北洋势力与西南军阀势力的干预挑拨,几方的矛盾渐趋激化,最后遂酿成两次激烈的成都巷战,这也成为四川军阀战争开始的标志。在战争中,罗佩金战败退出成都、戴戡战死,川中势力重新洗牌,战火给成都乃至全川民众带来了巨大的灾难。

---

① 《蔡锷为陈宧即将宣布独立与袁断绝关系等情密电》(1916年4月28日),中国第二历史档案馆、云南省档案馆编:《中华民国史档案资料丛刊·护国运动》,江苏古籍出版社,1988年,第438页。

当时的历史资料中留下了许多沉重的记载:"午前九时许,有二营黔军溃围,涌出皇城,踞守南门。南门一带多被焚杀,所焚之处,纵横约二里之广,屋为之平,人民绝迹,流血成渠,目击心悲。尚有散出于南门外恣行烧杀劫掠,无所不至。""黔军放火,川军见死不救,无武器者,又不敢往救,因凡有救之者,黔军辄枪毙。……川军见死不救,假手于人,咎于有所归矣。""南门内外,四处火起,其焰甚烈,闻为黔军两营溃围出掠油、盐、蔬菜、猪、牛肉等类,因川军截其归路,故尔纵火,且加杀戮,其形惨不忍睹。合计省城繁盛之处,已焚去一半,人民失业者,不下十余万,诚数百年未有之浩劫也。"① 因此,现在学界一般认为,四川军阀统治的正式形成,可以追溯到反袁护国战争结束前后之时。"刘罗""刘戴"之争刚刚告一段落之时,由于北洋军阀集团的段祺瑞、冯国璋等人倒行逆施,拒不恢复民初选举产生的合法国会,肆行"武力统一"政策,以孙中山等人为代表的资产阶级民主革命势力,毅然南下广东,举起护法旗帜,由此再次将南北卷入对立局面的护法运动遂行展开,南方各省之军阀强人掺于其中,各取所需,川省所受之兵灾也接踵而至。正如后世研究者所论:"南北围绕新旧国会存废、以谁执民国'法统'正宗为主题的争执,发展为公开的分裂与战争,'护法'成为南方在较长时期里的政治动员口号,南北对峙亦发展为政治的常态,持续多年,直至北洋政

---

① 肖波、马宣伟:《四川军阀混战(一九一七年——一九二六年)》,四川省社会科学院出版社,1986年,第 24 页。

权垮台,南北才又复归名义上的统一。其间之政治发展,固复杂多变,然以孙中山为领导中心、以革命党势力为基础、追求实现全国统一与共和民主制度、具有革命意义的'护法',和以西南军人政客为中心、以西南地方势力为基础、实为谋求地方利益、具有地方分治意义的'护法'是南北对峙中,南方内部纠缠交织、一以贯之的两条政治发展线索与两大政治演进旋律。"①

1917年7—8月间,滇系军阀借讨伐"张勋复辟"及甘受"伪职"的川军将领刘存厚之机,对四川发动了"靖国战争"。因与北洋首领段祺瑞等幕后利益交易未达目标,唐继尧遂于8月11日通电全国宣布响应南方的护法号召,其对四川发动的战争亦改称为"靖国护法"战争。因此,四川的护法战争发端还要早于南北对峙的前线——湖南省,其规模之大,时间之长,战况之烈,均不亚于第一次护法运动时期南北方在湖南展开的持续战斗。②自此之后,川滇黔甘陕鄂湘及南北方各种势力纷纷以巴蜀大地为逐鹿之场,开始了长达近二十年的拉锯混战。

在此阶段,在北洋政府与南方军政府的对峙争夺之下,各方势力一再希图插手川局,而四川军政体系内亦先后崛起各路势力,割据自雄的第一、二代军阀头目及其力量逐步形成,这个过

---

① 汪朝光:《民国的初建(1912—1923)》,张海鹏主编:《中国近代通史》第6卷,江苏人民出版社,2007年,第210页。
② 谢本书、冯祖贻主编:《西南军阀史》第1卷,贵州人民出版社,1991年,第261—262页。

程中充满了扰攘全川的不休争斗、战争与杀戮。① 即使曾一度在辛亥革命以及护国运动中并肩作战的四川以及滇黔地区的军人们,也急速堕落成为了争夺枪杆、地盘、物质利益而丧失政治原则与基本底线,彼此常年混战不止、荼毒无数生灵的贪婪军阀。这些寄生于地方的军阀们除了横征暴敛榨取田赋及各种苛捐杂税以外,还通过鼓励操纵或直接从事于与鸦片、赌博、娼妓甚至勒索绑票等相关的非法行径以尽可能多地掠取资源。随意拉夫、摊派兵差等行径更遍地皆是,"特殊收入的最后一个较大的来源称为'兵差'或'摊派'。它在不同的名义下可以采取许多不同的方式,都与某种假定的紧急情况有关。如果军阀认为他的正常税收不够应付紧急情况的需要时,就向人民群众征收附加税或服役。最经常的是要求出钱,有时也强征马车、牲口、食物、燃料甚至劳工。许多村、县要被迫拿出大笔款子作为不受敌军侵犯的'保护'费,或者被用作从异军铁蹄下解放出来的'拯救'费。当省或地方的官员遇到上述情况,就把负担分配给县和村。如果一个地区遇到多次这样的紧急要求,财经负担就非常沉重"②。特别是在本地军阀统治不巩固、常常面临被邻近军阀势力推翻的危险地区,就更是如此。而在人口众多、民贫地瘠,

---

① 可参看李乐伦《护国之役后四川的动乱局面》、冷寅东《滇黔军入川与"刘罗"、"刘戴"之战》,均收入四川省文史研究馆编:《四川军阀史料》第1辑,四川人民出版社,1981年,第84—109页。

② [美]齐锡生著,杨云若、萧延中译:《中国的军阀政治(1916—1928)》,中国人民大学出版社,2010年,第140页。

军阀争斗你来我往、地方"土霸王"朝更夕换的四川地区,这种情况就更为屡见不鲜了。四川军阀统治与不停混战局面的形成,就是来自上文所述的各种因缘。正如时人所述,"总观民元至民六这一段时间正是一些封建残余军和新起民军参加辛亥革命战役者之军事领袖,明争暗斗,由带有革命性和进步性的战争,渐转变成分割据式的战争。显明的例就如民元的推倒保路同志军的政府之争,就转变了辛亥革命的最初性质。民五的护国之役,本是很有价值的战争,而滇军之入川者,一变而为占地盘握政权的勾当。至四川本省军,亦于此时大批招抚土匪流氓,筹款充实军械,本着狭隘的地方观念为局部的战争,进行所谓驱北军,排滇、黔的运动。这样一来,一切军事行动都回复到旧封建政权的攘夺上面,而公然的'剥削民众,争取地盘',无所顾忌了。所以我们可以说在这五、六年间,四川底军阀制度已充分地形成了"。①

由上述史实可见,自民初以还,四川地区先后成为北洋、滇黔及四川各派军阀混战的主战场,其次数之多、为祸之烈、规模之大、时间之长,均堪称全国之最。② 尤其是自护国战争之后,四川省内以防区制为特征的各系军阀拥兵称雄的军事割据局面逐渐成形,时人即谓:"民五以后,十有九年,内乱迭起,扰攘不

---

① 废止内战大同盟编:《四川内战详记》(1933年4月),荣孟源、章伯锋主编:《近代稗海》第8辑,四川人民出版社,1987年,第582页。
② 参见四川省地方志编纂委员会编:《四川省志·军事志》,四川人民出版社,1999年,第144—184页。

休。计民五以还,有讨袁、护国、驱逐客军——滇黔军——安川诸役,大小四百七十余战。陆军由五师增至八师;尚有民团,大县有常备三百名,小县亦有一二百名;民九至民十四,五六年中,陆军则增至二十九师及三十七混成旅,各县民团,亦较前增加五六倍。军队组织更加复杂;有统计全川陆军为三十余万者,有统计为四十万者;若以民团与匪共计之,总不下百余万。"蜂起的各路军阀纷纷"各自为政,委任官吏,征收租税,俨然古之封建诸侯",其互相之间争权夺利、尔虞我诈,连年征战不休,对地方社会则是横征暴敛、敲骨吸髓,"军事频兴,饷糈日急"。① 广大四川民众备受盘剥,苦苦挣扎,巴蜀大地的政治社会情形日趋黑暗。

有学者提出,近现代中国军阀割据与混战之所以形成的根本原因,在于两点:一是帝国主义列强势力的入侵及其相互之间的矛盾。列强要分割控制中国,并实现自身在华利益最大化,在中国近代中央权威式微,国家政局陷入四分五裂的状况下,就必须扶植各路军阀作为自己在华攫取利益的代理人,为他们供给各类军火物资,支持其打内战扩充势力。二是当时中国仍然是一个半封建的农业国,经济社会发展相当落后,近代工业产值在工农业总产值中的比例很低,分散的个体的农业经济和手工业经济占国民经济的90%以上,缺乏现代工业生产体系以及现代交通的统一的资本主义经济,造成了地方军阀豪绅封建割据的

---

① 吕平登:《四川农村经济》,商务印书馆,1936年,第11—12页。

可能条件。① 除了这两点以外,自清末以来地方性势力的崛起,中央权威的持续衰微,军人武力日益凌驾于国家文治体系之上,在全国各地造成了枪杆子与地盘相结合的颇具地域特色的"裂土分茅",其实也是一个重要的原因。自护国军兴以后在夔门之内混战了近二十年的四川军阀,可说是其中最为典型的一个地方性代表。

至于川军派系源流的形成,时人认为和自晚清以来四川军事学堂的设置、演变紧密相关。1902年秋,全川最早的近代军事学校——四川武备学堂正式开办。其后以迄1920年代,各种军官养成所、传习所、讲习所、训练所以及讲武堂等以培养中下级陆军军官为目标的军事学校层出不穷,再加上自省外乃至海外各军事学校肄业之军事干部,如保定陆军军官学堂(校)、北洋陆军速成学堂(校)、云南讲武堂、日本东斌学校等等,共同构成了民初混迹于川内军事政治舞台的各派系的力量基础。正如时人有论,辛亥革命以后,川中战事频仍,川军迭次扩充,后起大小军阀皆据地称雄,竞相扩兵争霸,于是相率利用同学、同乡、家族等各种关系,以搜罗爪牙,笼络属下,巩固实力,建立自己的军系;或彼此利用,相互拉拢,以为声援。其时从各军事学堂毕业的学生亦较前增多,且各掌握了一定的武力,因此遂逐渐在川军中形成了以军事学堂出身为团结对象的派系。概略言之,如果

---

① 谢本书、冯祖贻主编:《西南军阀史》第1卷,贵州人民出版社,1991年,第180页。

以学系出身作为划分基础,民国初年在四川政治舞台上比较活跃的派系力量,则大致有武备系、速成系、保定系、军官系等等。① 当然,以学系聚合起来的军阀派系也不是固定的,其内部亦常常因为权势、地盘、军力及其他核心利益的激烈争夺,而酿成连绵不绝的武力内斗与血腥厮杀。如保定系内部的刘文辉、邓锡侯、田颂尧等,速成系内部的刘湘、杨森、王缵绪等,军官系内部的李家钰、罗泽洲、陈光藻等,彼此之间常因实力不均与分赃问题而发生多次火并内讧,这本就是民国军阀政治舞台上的常见现象。对于军阀势力来说,军队、地盘、税赋等赤裸裸的核心利益才是立身之本。

即使是同属于同盟会-国民党系统的四川军政势力,也会因内部隔阂与利益争端而大打出手。例如,熊克武、但懋辛等旧同盟会员领衔的"一军系",是由辛亥革命中成立的原重庆军政府所属蜀军及其后续川军第五师部队发展起来的。该系力量的高级长官以所谓"九人团"为核心,其中不少是老同盟会员和国民党员,与孙中山所代表的南方革命力量及其在川代表有着直接间接的联系,但也因历史积怨与现实颉颃而发生过对抗,其中有

---

① 张仲雷:《四川的军事学堂与川军派系的形成和演变》,四川省政协、四川省省志编辑委员会编印:《四川文史资料选辑》第 5 辑,1979 年,第 1—20 页。

代表性的就是1920年的靖川之役。① 该次延续半年之久的战役,以熊克武部及刘湘、杨森、刘存厚等部川军为一方,以唐继尧部滇黔军与吕超、黄复生、石青阳、卢师谛等部川军为一方,在千余里战线上展开激烈厮杀。不过,虽以熊克武等为代表的"九人团"与亲孙中山的"实业团"势力之间经历过此种曲折坎坷的关系历程,但总体而言熊克武系力量在南北两政府的对峙中,是属南而不是属北的。刘湘的川军第二军系,是由辛亥革命后的四川陆军"老一师"为基础,在刘氏于1918年2月23日接替原川军第一师师长徐孝刚之职务,并由此进入川军二线将领行列之后,逐步发展起来的。② 刘湘并非同盟会出身的革命党人,他少

---

① 参见《国民党内早期的派系与四川"九人团"和"实业团"》,收于四川省文史研究馆编:《四川军阀史料》第2辑,四川人民出版社,1983年,第90—95页。"九人团"因清末时部分川籍同盟会员汇聚于日本东京,以同乡、同学、戚友等关系过从甚密,共谋反清大计而逐渐形成。其骨干成员有熊克武、但懋辛、李蔚如、喻培棣、余际唐、张冲、吴秉均、刘光烈、龙光等人。"实业团"主要是来自清末所办四川省城高等学堂、四川通省师范学堂这两所学校的学生,以及川内部分文教界的同盟会人所组成。其骨干人物有谢持、张培爵、夏之时、颜德基、黄复生、卢师谛、吕超。上述诸人投身军界后多被其他行伍或军校出身之四川军阀称为"长衫军人"。因为长期以来四川党人内部的纠纷与复杂的人际关系影响,熊克武等人与拥孙甚力的"实业团"乃至孙中山本人都嫌隙渐深。熊的传记中声称:"早在1914年熊克武癸丑讨袁失败后亡命日本时,便和同时流亡日本的四川国民党人杨庶堪、谢持、吕超等发生了矛盾。他因倾向黄兴,与孙中山先生也产生了隔阂,不久熊便离开日本,前往南洋,这样便和孙中山先生愈来愈疏远了。"参见周富道、马宣伟:《熊克武传》,重庆出版社,1989年,第159页。

② 匡珊吉、杨光彦主编:《四川军阀史》,四川人民出版社,1991年,第92页。

年时便进入位于成都的军事学堂学习,属于不太关心政治的老牌职业军人范畴,其原为由清末新军演变而来的四川陆军"老一师"的部将(自1918年中但懋辛任第一师师长,刘湘担任第二师师长后,一般便称1912年周骏所率领的第一师系统为"老一师",以示区别),因此,刘湘的师长地位,系继承该师历任长官周骏、周道刚、徐孝刚而来,部队也由这一师蜕化发展而成。①

第三节 四川军阀统治时期防区制的形成及其恶果

四川这种较为特殊的军阀割据统治形成也需要一定的载体,而这样的载体便是自1918年始熊克武督川后施行的防区制。有研究者认为,防区制是四川军阀统治的基本形式,其萌发于1916年滇军罗佩金督川之时,形成于1918年熊克武主持川政期间,最终完成于1919年在任川督熊克武之正式划分"防区",前后经历了约八年时间。② 防区制和其他事物一样,有其发生、发展、演变形成的过程。至于川省防区制具体形成的缘由,便根源于入驻川省的诸多军队争夺军饷给养资源的问题。1916年,入川之滇军首领罗佩金,在川南"自提盐款数百万元,

---

① 参阅吴祖沅:《一、二军之战》,收于四川省文史研究馆编:《民国四川军阀实录》第2辑,四川人民出版社,2011年,第1—2页。本篇回忆文章的作者于1922年至1923年间在国民党系军事力量熊克武部任川军总司令部、四川省长公署政务厅、四川讨贼军总司令部秘书等职。

② 贾大泉主编:《四川通史(卷七·民国)》,四川人民出版社,2010年,第26—28页。

不列为省库收入,并将滇黔军驻地税收扩充滇黔军饷,不经财厅分配,又任川军就地自谋,遂启防区之渐"。① 次年2月,暂代四川省省长的黔军首领戴戡,应暂代川督罗佩金之请,第一次以政府公文形式将就地划饷方式制度化,公布"驻防外县军队就近拨领薪饷办法",并拟定规则和单据样式,这亦成为各地驻军划定防区、截留税收的定制开端。"刘罗""刘戴"战争后,防区制加速形成,刘存厚驱走滇黔军后,曾要求四川省财政厅于1917年7月4日向川内各地发出《各军队饷款即就各该防区较近征局划拨税款文》,第一次在政府公文中出现了"防区"一词。虽然该文件不久之后即因刘存厚败退出川而废止,但军阀就地筹饷分肥的防区制的形成趋势却已无法扭转。四川境内的护法战争结束后,熊克武以四川靖国各军总司令名义执掌军民两政,后又正式出任川督。在熊克武当政时期,四川军阀势力进一步扩张,防区割据制度正式形成。

1918年5月22日,熊克武在成都主持召开靖国各军将领军事会议,讨论四川靖国护法战争结束后的军政收束与军队整理问题。经过商讨达成初步共识,会议决定将四川各路军队整编为六个师、两个旅、一个援鄂司令部。省内军队整理问题虽然完成,但接下来却是最为棘手的地盘资源分配问题。滇军将领顾品珍等主张"要以护法、靖国为重,就不能划分川、滇、黔的界

---

① 傅渊希:《四川内战年表》,《四川文史资料选辑》第37辑,第25—26页。

限",而刘湘等四川本土军人则认为首要是全川"军令、政令的统一"。各方军人利益诉求相互冲突,各抱异心、同床异梦,熊克武等为了消弭部分本省军队与滇黔军的敌对状态,安定川局,只能承认既成事实,暂以各军驻地为各自的卫戍区域与饷粮划拨区域,以得收各自相安、井水不犯河水之效。① 于是,1918 年 7 月,熊克武以四川靖国各军总司令名义发布"四川靖国各军卫戍及清乡剿匪区域表",以四川当局名义对各军各霸一方、坐地分肥的制度加以确认,使防区制得以初步形成。

四川靖国各军卫戍及清乡剿匪区域表(1918 年 7 月)

区名	数量	负责人	具体区域
第一区	18	第一师但懋辛师长	成都、华阳、温江、郫县、崇宁、新繁、灌县、简阳、崇庆、广汉、双流、彭县、什邡、彭山、眉山、新津、金堂、新都
第二区	9	第二师刘湘师长	潼南、永川、合川、铜梁、大足、荣昌、隆昌、璧山、武胜
第三区	17	第三师石青阳师长	南充、西充、邻水、广安、岳池、蓬安、营山、南部、仪陇、阆中、苍溪、剑阁、昭化、广元、通江、南江、巴中

---

① 贾大泉主编:《四川通史(卷七·民国)》,四川人民出版社,2010 年,第 27—28 页。

续表

区名	数量	负责人	具体区域
第四区	17	第四师刘成勋师长	越西、冕宁、西昌、会理、盐源、盐边、昭觉、雅安、荥经、天全、芦山、名山、汉源、邛崃、大邑、蒲江、丹棱
第五区	18	第五师吕超师长	彰明、江油、北川、平武、梓潼、罗江、安县、绵阳、绵竹、德阳、遂宁、蓬溪、射洪、三台、盐亭、中江、安岳、乐至
第六区	15	第六师颜德基师长	达县、大竹、渠县、开县、宣汉、万源、城口、奉节、巫山、云阳、开江、梁山、垫江、万县、巫溪
第七区	6	第一独立旅向传义旅长	内江、资州、资阳、仁寿、井研、自流井
第八区	9	第二独立旅陈洪范旅长	嘉定、威远、荣县、犍为、峨眉、洪雅、夹江、峨边、青神
第九区	8	西路原有汉军	茂县、汶川、松潘、理番、懋功、绥靖、崇化、抚边
第十区	3	南路原有汉军	雷波、马边、屏山
第十一区	19	边军暨陈遐龄护军使所部	康定、泸定、河口、理化、巴安、稻城、乡城、雅江、贡噶、丹巴、道孚、怀柔、德化、炉霍、甘孜、察木多、江卡、盐井、杂瑜

附记：

一、此表因战事未息，酌按情形，便于清治盗匪起见，暂行规定之。

二、表内未列之宜宾、富顺（除自流井）、南溪、长宁、庆符、高县、筠连、珙县、兴文、叙永、古蔺、古宋、泸州、纳溪、合江、江安、江北、巴县、江津、綦江、南川、石柱、酉阳、秀山、彭水、黔江二十六县，现因大局未定，势难抽兵分防。所有卫戍剿匪事宜，由各该县警团担任。其驻有滇、黔军者，暂由滇、黔军担任。俟大局平定，再行规划。

三、表内未列之长寿、涪陵、忠县、丰都四县，暂定为四川靖国援鄂第一路部（军）司令所即集中地点及该军筹源地，俟大局平定再行规划。

四、剑阁、昭化、广元三县，本为第三师区域，然大局未解决以前，暂归第五师担任。

五、表内未列之各义军，或因出任战事，或未集中，或不属于本部节制之下者，均即暂驻现有地点。俟其任务终了，再予编制，另划防区。

六、表内未列之宁属汉军，仍驻原定地点，补助第四师担任镇防夷乱及清治任务。

七、表内未列之屯殖军，仍驻现地点，服屯殖事务。

八、所有川江正支河流之防务，概归江防军担任。然在该军未经配置之先，仍由陆军或警团兼顾。

资料来源：《戊午周报》第9期，1918年7月20日，第26—27页。

然而，各地防区一经划定，各地势力便渐成尾大不掉之势。1919年2月，熊克武正式就职四川督军后，曾试图统一军令、政令，要求各县将各项税收上缴省署，以及各军应将官兵具体名册上报督署，以便军费饷粮统一收支划拨，却遭到了各地掌控枪杆子的军头百般抵制。不仅顾品珍、袁祖铭等驻川滇黔客军首领随意任免县官、估提钱粮,即使川军各部也是阳奉阴违或者公然抗命、飞扬跋扈。熊克武直属的军事实力并不能有效控扼全川,为消解滇黔军及川军各部与省内"倒熊派"带来的政治军事压力,也为了暂时解决军费粮饷问题,熊克武遂决定无论主客各军都就防地划饷,制度形式便逐渐形成。熊克武遂于1919年4月正式公布了"四川靖国各军驻防区域表",于是原有之"卫戍区域"摇身一变为"驻防区域","防区"作为四川军阀割据时代的专有名词便就此固定下来了。

四川靖国各军驻防区域表(1919年4月)

区域	数量	具体区域	备注
第一师驻防区域	13	成都、华阳、温江、郫县、崇宁、灌县、崇庆、广汉、彭县、什邡、金堂、新都、新繁	较前表减少眉山、彭山、新津、双流、简阳五县
第二师驻防区域	13	永川、荣昌、隆昌、铜梁、安岳、潼南、璧山、大足、合川、武胜、江北、长寿、邻水	较前表增加江北、长寿、安岳、邻水四县
第三师驻防区域		原为石青阳任师长,系孙大元帅所发表而唐继尧不同意,故石改任总司令,驻防仍旧,参看下表。三师此时暂缺。	
第四师驻防区域	16	越西、冕宁、西昌、会理、盐源、盐边、昭觉、雅安、荥经、天全、名山、芦山、汉源、邛崃、大邑、蒲江	较前表减少丹棱一县

续表

区域	数量	具体区域	备注
第五师驻防区域	16	彰明、江油、北川、平武、梓潼、罗江、安县、绵阳、绵竹、德阳、遂宁、乐至、射洪、三台、中江、盐亭	较前表减少安岳、蓬溪两县
石总司令（青阳）驻防区域	16	西充、南充、广安、岳池、营山、仪陇、蓬安、南部、阆中、苍溪、剑阁、昭化、广元、巴中、南江、通江	较前表减少邻水一县
颜总司令（德基）驻防区域	11	达县、渠县、开江、宣汉、万源、城口、奉节、大竹、巫山、巫溪、开县	较前表减少云阳、梁山、垫江、万县四县
黄总司令（复生）驻防区域	9	涪陵、丰都、忠县、垫江、石柱、黔江、彭水、酉阳、秀山	
独立第一旅驻防区域	5	眉山、彭山、青神、丹棱、仁寿	
独立第二旅驻防区域	11	犍为、荣县、峨眉、洪雅、夹江、峨边、井研、雷波、马边、屏山	
屯殖军驻防区域	5	松潘、理番、茂县、懋功、汶川	

续表

区域	数量	具体区域	备注
川边镇守使驻防区域	33	泸定、康定、理化、巴安、稻城、定乡、雅江、贡噶、丹巴、道孚、怀柔、德格、炉霍、甘孜、毕都、德荣、盐井、崇隅、安良、义敦、武绒、宁静、察雅、贡县、科县、思达、邓柯、石渠、白玉、同晋、硕督、嘉瑜、太昭	

万县、巴县及江北附近,由江防军余总司令及黄总司令复生选派驻防。(按,表内未列卢师谛防地,但后来卢系驻万县,或同属援鄂部队之故。)江北地接长寿,暂归第二师驻扎,以便统治,惟客军驻扎城内,该师不必派队驻防。

第一混成旅、吴游击、郭守备所部,暂驻成都。

川江正支河流防务,概由江防军担任,并得于沿江要镇,分兵驻扎。

区域	数量	具体区域	备注
客军（指滇、黔军）驻扎区域	22	简阳、资州、资阳、内江、叙府、富顺（除自流井）、南溪、庆符、高县、筠连、珙县、兴文、叙永、古蔺、古宋、泸县、纳溪、合江、江津、江安、綦江、南川	

资料来源:《戊午周报》第46期,1919年4月13日,第60页。

起初,各军在所辖防区内只是就地划饷,后来就逐渐变成就地筹饷。于是随意借垫预征,滥施苛捐杂税,对升斗小民敲骨吸髓,各种压榨掠取手段层出不穷,有增无已,以致于老百姓视兵匪为一家,畏兵如虎狼,大量民众抛弃家业、流离失所,或相率当兵吃粮,或占山为王、落草为寇,或填于沟壑、曝尸荒野,天府之国竟成鬼域。而狡黠的军阀强人们看清了有防区便有军费;有了军费,便能不断地扩军购械储粮,待实力一扩大,又可出兵争夺更大的防区。于是,川省兵争便难免演成循环不已的内战了。据前人统计,1918年以前,川省军队数量虽有所增加,但其数尚不算巨大,至防区制逐步成形的1920年前后开始,军队数量便开始呈几何指数暴增不止。1920年代中期以后,军人之数量膨胀滥增更是呈夸张之势,仅川军杨森一部在1926年间就下辖共七个混成旅,超过三万人。而作为川中军阀"盟主"的刘湘所部此时则下辖六个师、八个路司令,约十一万人,驻重庆及下川东二十余县,其后在极盛时发展到割据川内富庶之区达四十余县之多,部队则一度扩充到近三十万人。① 这还不算当时在广大乡村已遍地开花的民团武装。以产业落后、交通不便、人众地瘠的巴蜀之地,养如此巨量之滥兵民团,可见川省一般民众所需承受的压榨、盘剥与悲苦情状。

1932年的天津《大公报》即有社论较为精辟地陈述了民国初年以来川省混战不休、民无宁日的境况:"查川省养兵百万,巨酋六七,成都一地,分隶三军,全省割裂,有同异国。其最大特色

---

① 参看吴光骏:《四川军阀防区制的形成》,收于四川省文史研究馆编:《四川军阀史料》第2辑,四川人民出版社,1983年,第207页。

为兵愈打而愈多,帅时离而时合,亦友亦仇,随和随战。要之,万变不离其宗者为扩张私利,保存实力,诛求无厌,剥削地方耳!故夫人欲横流,百般诈谲,捐输苛酷,并世无两。……论地丁有征至民国四十五年,论置产有买尽全县全城房地,……论其民生困苦之情状,则此天府之国,早沦于地狱底层。盖兵益多则饷益绌,饷益绌则争益甚,军阀之莫能相安者,势则然也!"①这样的置评在当时国内的报刊舆论上所在多有,从各个侧面呈现了四川纷纷攘攘之乱局在世人心目中的印象。

其时正担任川军旅长的陈书农后来亦回忆称:"辛亥革命时期,四川省政机构,尚能统一。自从1918年熊克武任四川督军后,除全省税收外,所有兵造两厂和盐款,专供扩充一军系之用而其他川军和住叙府、泸州一带的滇军,与住重庆的黔军的协饷,概置不问,于是川客各军开始第一步截留驻在地方的税款以自给;第二步撤换驻在地方的行政官吏,代之以自己的人,初则还报省政机构备案,后来连备案手续也取消了。从此,川客各军,各霸一方,各自为政,专断横行,为所欲为,饷粮不继,即向地方预借下一年度粮、税,后来直接了当的进行预征下一年度,或者若干年度的粮税。四川防区制就这样形成了。"②防区制事实上确立之后,能养兵立足的地盘便成为各军头赖以安身立命的

---

① 四川省文史研究馆、四川省人民政府参事室编著:《四川国民党史志》,四川人民出版社,1994年,第194页。

② 陈书农:《四川军阀混战与防区制》,四川政协文史委编:《四川文史资料选辑》第43辑,四川人民出版社,1995年,第187页。

处所与拼命争夺的中心目标,亦成为引发一场场内部分裂混战的渊薮。据时人统计,四川地区20余年间发生内战多达470余次。各路军阀们终年杀伐不休,大家竞相招兵买马扩充军队,军队数量的发展大得惊人。据1926年6月4日成都《西陲日报》的统计,自1925年8月自井(即今自贡——引者注)会议后,四川军队调查结果,计有35师、39旅、19独立旅、14司令、2统领,合计兵额55万余人。可以说是冠甲全国了。

因此可以说,从1918年前后在川内开始实施的特殊的防区制,公开把军队、地盘与利益汲取之间的关系固定了下来,为割据一方、敲骨吸髓的军阀制度最终在川内的成形奠定了基础。一直到1930年代,耀武扬威的军人仍到处横行于川中地域社会,给外来入川者带来极不好的观感与印象:"川中将领外出时,在所乘小汽车门外的踏板上有马弁带枪侍立,随行卫队既佩手枪又背负马刀,刀柄上系红绿绸巾,实在太落后野蛮。"① 时人对此慨叹道:"自是以后虽因胜败关系时有起伏变化,而此消彼长,四川兵多始终甲于全国。四川人民受祸之烈因之也甚于全国,谁为使之,防区制实是为厉之阶。"②

因此,总观从护国战争结束后的1917年至北伐战争正式开始的1926年这一段时间,正如论者所述:"四川军阀既将外省军

---

① 苟乃谦:《蒋介石派参谋团入川图谋》,四川省成都市政协文史委编:《成都文史资料选编·防区时期卷》,四川人民出版社,2007年,第148页。
② 陈雁翠:《四川防区制的形成和消灭》,收于全国政协文史委编:《文史资料存稿选编》第4辑,中国文史出版社,2002年,第91页。

阀之势力驱出境外,而他们在十几年的战斗之中,又造成了庞大而坚强的武力。他们为着军队的给养问题,地盘的争夺愈形剧烈。在事实上,如继川滇战争之后而起的一军系和二军系之火并,以及随后底新、旧二军之连年混战,都表示了他们在军事力量的增进中,同时加深了矛盾和冲突。所以我们不能不承认,这一段时间是诸军阀底发展期了。"①

常年军阀混战给广大人民带来了巨大的痛苦,给国家经济社会发展带来了莫大的灾难,严重迟滞了中国的现代化发展进程。曾任民国时期四川省政府秘书长的邓汉祥,在新中国成立后忆述了自己亲身感受的地方军阀横征暴敛之情形:"防区时代,各军在城乡征收的捐税,除清末民初原有捐税一仍旧贯、有增无减外,更巧立种种名目,尽量搜刮。就我们所能回忆的即有统捐、烟酒捐、关税附加、矿区税、护商费、冬防捐、验契捐、典当税、市政费、牙厘、斗捐、秤捐、马路捐、娱乐税、门牌费、灯油捐、筵席捐、捲烟税、煤油特税、百货捐、糖捐、纸税、米税、盐税附加、船捐、烟土税、民捐、红灯捐等等。其他如军队过境,要收马干费(买胡[蚕]豆、豌豆及各项杂粮作喂马之用,习惯成例,无马的军队,也要收费),又要征用谷草,作垫地铺之用,开口就要几百斤、几千斤,大部队要几万斤,雷厉风行,说要就要。不然,征草的兵,不管你是什么人(如县长、区长、乡镇长)就要拉去见司务长,

---

① 废止内战大同盟编:《四川内战详记》(1933年4月),荣孟源、章伯锋主编:《近代稗海》第8辑,四川人民出版社,1987年,第585页。

更要受'方'(四川土语,意即讥刺——引者注),还是脱不了手。有的拿言语,派人(大半是哥老会中的管事)去交涉,草虽一时办不到,用讲价还价的方式,出多少钱,亦可了事。又如要请军队或团防去打'匪',先要办招待,要筹招待费、继之以子弹费,草鞋费,……打了匪转来,又要大办酒席,招待慰劳。稍不如意,就要在地方上'摆乱子'。招待费的范围很宽,是各乡镇的一项大支出,如军队到达,县局长到达,各类委员到达……酒、饭、烟、鸦片烟,均必须具备。政警、法警,因传案到乡镇,当事人所耗用的钱,更不可细算。还有各乡镇的负责人到县城开会,或到其他乡镇接洽事务的滑竿费、旅食费。各乡镇自办的常备壮丁队的枪支、子弹、服装、伙饷等,更是无法统计。总之,无物不有捐税,无地不设关卡,凡一物品的输入或输出,即须纳税 10 余次、甚至数十次不等。"①其余烧杀抢掠之事更是无时不有,一场混战就给川内民众带来一场修罗场似的浩劫,这既摧毁了四川地区经济社会发展的前途,也必然会引起进步知识分子与广大劳动群众的强烈反对。

第四节　民国初年军阀统治之下的四川社会情形

民国初年军阀横行、政治败坏与社会秩序极端紊乱的这段

---

① 邓汉祥:《防区制下的四川军阀与团伐狼狈为奸残害人民》,收于全国政协文史委编:《文史资料存稿选编》第 4 辑,第 256 页。

时间,也正是近现代中国的发展逻辑与国家命运即将发生剧烈转型的关键时期。随着科举的废除与帝制的坍塌,以阐发圣贤嘉言、收束世道人心为己任的士大夫官绅为主体的旧的社会重心也彻底趋于没落了,新的社会重心仍在艰难的孕育中,在那个经典传统衰微、"道"为天下裂的时代,仍秉持理想主义与淑世情怀的知识分子不可避免地走向了边缘化的境地,而以掌控"枪杆子""钱袋子"等资源榨取权为身份标志的地方强人则逐步走到历史的前台,获得了绝对的话语权,国家也难免呈现出"国将不国"的凌乱景象。① 但在这样国势沦落、秩序混乱、社会黑暗的时代语境中,也悄然孕育着追求变革乃至激烈革命的力量,许多仍怀抱匡扶社稷、澄清寰宇、拯溺扶危的"天下士"道德理想的读书人,纷纷出而应世,试图再造这残破不堪的家国世界。

在有匡时之志的读书人们所依托的"大经大法"(王汎森语)已发生了严重动摇的转型时代,整个社会的权威话语解释系统、思想资源库与道德伦理准则都处在激烈的竞争更替进程中,各种由内部土壤中产生的义理也好,外部传来的学说也罢,还是杂糅古今中外各种元素而形成的理念,都在这片土地上传播乃至

---

① 可参看罗志田:《近代中国社会权势的转移:知识分子的边缘化与边缘知识分子的兴起》,《开放时代》1999年第4期;余英时:《中国知识分子的边缘化》,《二十一世纪》(香港),1991年8月号,总第6期。

实践,竞相试图为军阀肆虐的神州大地开出一条明路。① 无论如何,作为一个整体的传统儒学的微言大义已经不可挽回地式微并淡出历史舞台了,"儒家的学说是指导中国社会结构和政治结构,社会行为和政治行为的基本理论。理论的权威,结构的稳固,行为的效果都因为外国在中国的行为而发生了动摇,引起人们的疑问。从一八六〇年以来,儒家的权威一再受到外国行为、结构,和后来介绍到中国的理论的冲击而节节败退"。②

不过,五四新文化运动与之后"主义时代"的来临,各种新式思想资源在社会各个层面的流转,仍然给众多的中青年知识分子带来寻觅出路的可能,虽然思想的火花四溅未必能立马给他们指明一条确切的出路,但那种旧世界、旧传统、旧生活已是充满代谢与更迭可能的希望感、方向感、救赎感,仍然是吹拂进他们脑海与心田的新鲜气息,给予他们作出新的尝试的不竭动力。"五四"前后在浙江省立第一师范学校念书的梁柏台,就在一封书信中清晰表达了这种新鲜感与变革感:"自从五四运动,学生发现了自动的举动,学校方面和学生方面,都惊醒觉悟了。学校方面是怎么样的觉悟?就是校长改变学校的办法,教育抱自动

---

① 有学者将思想舆论界这种各种理念学说竞争激烈的状况称之为"西与西战""中与中战"或"西与中战"。参见罗志田:《道出于三:西方在中国的再次分裂及其影响》[《南京大学学报(哲学社会科学版)》2018年第6期]、《体相和个性:以五四为标识的新文化运动再认识》(《近代史研究》2017年第3期)、《道出于二:过渡时代的新旧与中西》(《读书》2013年第6期)。

② 陈志让:《军绅政权》,生活·读书·新知三联书店,1980年,第141—142页。

的目的,一切舍务、学务委要学生去做。学校好像一个议会,仍旧选出代表,到了有事体的时候,征求意见,议后始行。教职员是和顾问官一样的,这是关于舍务的事情。学务的事情?就是上班,学生轮流教授,教员旁听,指正他们的谬误,考试废除,在平日的自习。这样一来,要比从前好得多了。上面所说的是学校方面的觉悟。学生的觉悟是什么?学生大家知道五四运动的力量是从新思想来的,所以凡关于新思想的杂志各人至少有一种,并且组织一书报贩卖部,凡关于新思想杂志评论竭力征求。到了例假的日子在外贩卖,以供给社会上的人看看,使得普及罢了。这是学生的觉悟。因为现在大家提白话,所以就写了几句白话,切不可见呢!我所说话就是这样完了,别的说话要到后来再说了。"① 由此可见,一些不问世事、只读圣贤书的学生从书斋中抬起头来,开始关心家国大事,也是当时社会人士眼中最为明显的风气变化:"我国学生,自去年五四运动以来,得一个顶好的结果,就是人人都关心国事,能判别是非,而同时又感智识的缺乏。"②

于此可见,震动中外的五四运动的发生,某种程度上确实实是改变了国家运行的轨迹与民族的命运,尤其是极大地改变了知识分子看待与参与政治社会生活的方式,以及他们的自我认同与自我定位。这场涉及面较之前的历次政治运动均广阔得

---

① 《给袁先生的信》(1919年9月23日),中共新昌县委党史研究室、新昌县档案局(馆)编印:《梁柏台遗墨》,2007年,第148—149页。
② 杨道腴:《随感录》,上海《平民》第3号,1920年5月15日,第4版。

多的群众性运动,是在国家自政权制度鼎革更迭之后,却继续处于国运下降通道,而大众尤其是知识分子对民初以来的家国乱象愈来愈不满的语境中爆发的,这场运动不仅打出了"外抗强权、内惩国贼"的旗帜,也喊出了反对落后的社会秩序,抗击横暴的军阀政治的口号,遂被后人认为是新、旧民主主义革命的关键分水岭。① 正如论者所言,对外而言,五四运动改变了近代以来中国国际地位不断下滑、国家利权不断丧失的趋势,开始了中国国际地位缓慢回升、国家利权逐渐收复的过程;对内而言,五四运动开始了中国工人阶级走上政治舞台的历程,经由马克思主义的传播和先进知识分子的组织,产生了工人阶级的代表——中国共产党,中国的政治面貌、社会结构和思想倾向从此开始有了非常的改观,革命的性质亦由民族资产阶级领导的旧民主主义革命向工人阶级领导的新民主主义革命转变。因此,五四运动便成为近代中国历史进程上的重大转折点。②

值得注意的是,五四爱国运动所带来的,不仅是对外的民族意识觉醒,还有更加热烈的反思、探索以及寻求解决中国社会自身问题的浪潮。各种外来或内生的新思潮、新理念借着新的媒介平台与话语体系在中国大地上广为传播。仅在五四运动后的第一年中,新出版的白话刊物便增至四百余种,进步社团有三四百个。那些经受了"五四"革命洗礼的知识分子们,对于迎接新

---

① 彭明:《五四运动论文集》,广东人民出版社,1978年,第176—214页。
② 参见汪朝光:《民国的初建(1912—1923)》,张海鹏主编:《中国近代通史》第6卷,江苏人民出版社,2007年,第251页。

的思潮,怀着极大热忱,对于改造中国社会,充满了乐观的信心。

这股为国家、为社会,同时也为自己追寻新出路的风潮,亦冲击到了僻居西陲的巴山蜀水。譬如,彼时因家庭破产而随家人一起搬迁到成都郊外佃田耕种为生的陈毅,青少年时便在军阀混战多次波及的蓉城接受了时代的洗礼:"我在成都上过几个小学,后来跨进了一所甲种工业学校学习工科。但那时我实在的兴趣是集中在政治和文学方面。辛亥革命以后,四川连续不断的军阀内战,引起我对于政治和社会问题的注意。而我少年时代的家庭教育和我在成都遇见的几个精通中国文学的老师,以及成都四围富于文学艺术史迹的自然环境,又把我推上了倾心于文学的道路。"[①] 当他和自己的兄长于1918年一起考入成都的留法预备学校之后,经过一年的学习,又考取了官费留法学习的资格,并在次年7月与其他留法生一起搭乘轮船到了上海这个当时中国的经济中心,他们于沪上候船出洋期间,接受了"五四"以后兴起的各种趋新思潮的熏陶,在思想上埋下了变化的种子。据陈毅回忆,他们抵达上海的时候,"正是五四运动之后,市面上抵制日货,日本轮船也无人搭乘。我们饱受爱国思想的熏陶,抱着富国强兵的想法,要学好科学,以实业救国;同时自命不凡,要成为全国知名人物,不愿局限于四川省。在上海法国公园和黄浦滩上,看到'华人与狗不准入内'的牌子,引起对帝国

[①] 《陈毅回忆五四前后的思想和活动》,中国社会科学院近代史研究所编:《五四运动回忆录》(上),中国社会科学出版社,1979年,第50页。

主义的憎恨。同时,又羡慕大上海的繁荣"。在候船期间,四川的勤工俭学学生们请了一些社会名流来作演讲。张继在演讲中,痛说中国政治腐败,是一些军阀官僚把中国搞得一塌糊涂。他把法国说成是自由国家,到那里可以去研究无政府主义。赴日留学归来者则向他们盛赞日本是东方强国,连黄包车夫都是中学生,拉完车便拿报纸看。吴稚晖在环球中国学生会作演讲,劝他们不要去读四书五经,要把那些东西拿来做手纸,糊窗户。他对川籍留法学生说道:你们比孔夫子伟大,要出去学工业,只要做一件好事,那怕是改造中国的茅厕,也是对中国的贡献。虽然吴稚晖一口无锡话,陈毅等人听不大清楚,但基本意思都大致明白了。在之前的学习中深受传统国学熏陶的陈毅,虽然对于吴稚晖提出的反孔孟思想颇感不平,但又觉得他是有名的大教育家,前清时还中过举人,讲话必有道理,因而引起了心中大乱,旧的思想开始动摇了。于是,在留法前夕便开始接触白话文、白话诗,看《新青年》和孙中山等人办的《建设杂志》这些新文化刊物,思想上很快扭转,从此站到了反孔孟的这一边来了。①

  1900年出生于川南叙永县的开国上将傅钟,在叙永中学堂念书时也经历了五四运动的洗礼,他积极参与了组织运动委员会的活动,并分工负责宣传工作。受过辛亥革命、保路运动、护国运动等历次政治变革洗礼的叙永县城,爱国宣传与抵制仇货

---

  ① 聂元素等编辑整理:《陈毅早年的回忆和文稿》,四川人民出版社,1981年,第18—19页。

运动等进行得比较热烈,但运动结束后一切恢复原样的幻灭感,也刺激着如傅钟这样的年轻人,"轰轰烈烈的五四运动过去了,叙永又平静下来,似乎什么也没有发生,一切恢复了故态。大美人香皂,资生堂雪花膏又摆上柜台,永宁河两岸照样一面是花天酒地,一面是流离失所","五四运动给我带来的希望破灭,苦闷彷徨又袭扰着我"。政治运动的浪潮再怎么波涛汹涌,也毕竟是暂时性的,终有落潮的时候,而随着政治潮流的冲击浸润渗透入中国县乡以下基层社会的新思想、新文化,其对新青年们行为模式的影响却是更为长久而深入的。据傅钟回忆,五四学生运动前后,他就听说了李大钊、陈愚生等人"发起成立'少年中国学会'"的消息,"四川有人参加了,有四条规约:振作少年精神;研究真实学术;发展社会事业;转移末世风气。口号是:奋斗、实践、坚忍、俭朴。这里说的少年就是今天说的青年。我虽然没有参加这个学会,但它的规约、口号,我很赞成"。他不久之后又读到了李大钊的文章《庶民的胜利》,震撼于他对十月革命的赞扬:"须知今后的世界,变成劳工的世界。……凡是不做工吃干饭的人,都是强盗。""我们应该抓住机会,在实践上当一个工人,才是进步青年。"在新潮流的冲击下,"劳工神圣"的口号,在当时先进的青年知识分子中盛行开来,"对我的思想影响也很深。此后,我日益感到在本县不能发挥自己的爱国志趣,产生了'走出去'的欲望"。① 这种脱离家乡走出夔门寻求一个新未来的念头,既

---

① 傅钟:《征途集》,上海文艺出版社,1993年,第21、25页。

与时代浪潮的影响相关,也与崇山峻岭环抱的西蜀之地的自然地理及人文地理环境有关。①

四川地区在全国的政治经济版图中处于较为偏远的位置,一方面是地理位置相对较偏僻,通往省外的铁路、公路交通极为不便乃至匮乏,川内外交通除了沿长江水路地带稍微方便些以外,其他地区甚是艰难。恽代英1921年底奔赴处于长江上游的川南重镇泸州的川南师范学校任教,在与川外友人的通信中慨叹:"此地因兵事与交通关系,函札往来,迟滞异常。武昌发电与快信有均须一月左右才到的。我因想以此地比东京更难通信地方,而总揽督促各科研究会的事权,必且使一切进行不易灵捷。"②在经济社会与基础设施的发展水平严重不足的情形下,即便外来新潮对川省已有所波及,但也致使"五四"前后一段时间各种社会革新思潮对川省民众的影响并不大,四川整体上的

---

① 有学者便从地理学视角探讨了中共革命版图在全国的分布延伸情况,指出长江是民国时期主要的内河航运线。长江下游的上海、中游的汉口和上游的重庆是从建党初期到抗战时期的白区工作重心,而包括成都在内的其他地方则相对边缘,四川激进青年大多数要走出夔门、融入全国舞台,才能成就一番大事业。参见应星、荣思恒:《中共革命及其组织的地理学视角(1921—1945)》,《中共党史研究》2020年第3期。

② 《致杨钟健》(1921年11月),《恽代英文集》上卷,人民出版社,1984年,第321页。

思想文化趋向与舆论氛围都趋于保守。① 上述的川南小镇青年傅钟,在尚称富庶开明的川南地区念中学时读的书仍是以传统史地著作居多,再加上若干在当时新派人物眼中已落伍的康、梁等人在维新时代的论著:"《史记》我从头到尾圈点了一遍,《袁了凡纲鉴》也圈点大部,相当于百科全书的《图书集成》也读了许多卷。与以前不同,这次我有意识地读了一些当代的书籍和文章,像康有为的《礼运注叙》、《上皇帝第六书》、《戊戌八月纪变》,梁启超的《饮冰室文集》、商务印书馆出刊的《少年丛刊》等等,都是我爱不释手的。"② 同样是来自川南宜宾高县的阳翰笙,也感觉到了川内地域社会的闭塞,多年后他回忆道,当1919年"五四"前后,北京、上海、天津等地的新文化运动搞得热热闹闹的时候,长江上游的宜宾一带仍是死水一潭:"当时宜宾有三所中学,即叙府联中、宜宾中学、宜宾女子中学,这些学校都姓孔,崇奉孔孟之道。国文老师有学问,但又是有功名的人,顶多有点康梁式的

---

① 在近代的文化心理认同与国家版图内的自我定位方面,川、湘两省似是可以作为比较的对象。有论者言及,随着湘军集团的崛起,以及近代以来湖南文化地位的转变,使得"晚清以来的三湘知识分子开始习惯突破乡土界限,其眼光和责任感都志在全国,湖湘文化的这一传统使得近现代史上的湖南,虽然有别于北京、上海这样的文化中心城市,但在文化心理上,确与一般地方级省市有别。而在近现代史的发展进程中,湖南亦随着本地政治、文化经历的不同发展阶段,以一种'游离'状态,在'中心'与'边缘'之间寻找自己的位置"。(凌云岚:《五四前后湖南的文化氛围与新文学》,北京大学出版社,2008年,第9页)四川区域及其巴蜀文化,在近代有无经历这样的嬗变与转身,在国家政治文化图像中的位置是否比湖南更为边缘,这似乎是一个值得讨论的问题。

② 傅钟:《征途集》,上海文艺出版社,1993年,第14页。

维新思想,缺少现代文明。一个姓刘的校长相当专横,管学生如管奴隶,压迫很甚。学校没有生动的气息,其教育远远脱离时代。"①

五四学生运动爆发数年以后的川中境况,仍然没有太大的改变。成都青年团地委对蓉城各学校的调查报告显示了这样一番景象:"成都有大小学校百余座,学生约有万余人;教会学校有十余座,学生约有千人。学生可分为几派:A. 读死书不问外事的,约占十分之一;B. 徒活动以谋位置的,约占十分之五;C. 不读书不问事,专享乐的,约占十分之三;D. 有革命思想而不从事革命的,约占十分·五(百分之五);E. 有革命思想而又能着手进行的,约占十分·五(百分之五)。"② 上述这些情况,一方面说明自从清末以来新式文化、教育与出版机构在巴山蜀水之地的出现,并未立即给社会带来思想文化上的彻底革新与现代化转型上的迅猛推进,顽固守旧的习气和氛围仍亟待新思潮、新运动的传播与输入来打破;另一方面,因川中地域辽阔,各地方风俗习惯与社会情形多有差异,新文化思潮乃至激进革命理念向川内的传播与渗透,在时空顺序上也有先后之分,往往体现出波浪式次第推进的图景,巴蜀大地保守、沉闷的局面不可能一下子被打破。

---

① 阳翰笙:《阳翰笙选集》第五卷,四川文艺出版社,1989年,第33—34、42页。

② 《张霁帆给团中央的信——关于四川团的工作和各阶层状况》(1924年),《四川革命历史文件汇集》甲1,第179页。

不过,彼时还是有不少青年学生在埋首求学与参与社会运动之间徘徊摇摆,轰轰烈烈的五四运动以后,呼吁学生重回书斋苦学新知以真正牢固社会之基的声音,也并没有消失。① 1919年前后同样在浙江省立一师求学的青年学子汪寿华,便在私人日记中反复强调学生应沉潜下来以"研究科学"与"开导民智"为主要任务的必要性,"今天,看这个'星期评论',有一篇《敬告学生诸君》的文章,我看看是很有觉悟的地方,就是晓得我国真正的弱点,在无'学问'的一点。不过学问这一事,专有学生仔仔细细的研究,尚且没有学问,岂不是我们学生大愧的地方吗!我想起来,学生统是糊里糊涂的敷衍过去,学新式的一种皮毛就罢。咳!是这个样子,学问自然没有了。那么,拿甚么来做文明的武器?拿甚么来做国家的基础?所以我们今后当做'苦学'的工夫,再不可将差就差了。当时口占一首白话诗:'努力、努力,无时可息,制造文明的武器,来做国家的根基。'"当他在面对试卷上的国文试题"今后之学生当如何?"时,提出来的回答方案是"研究科学""开导民智"。② 已经脱离杭州一师赴上海厚生铁厂做工的俞秀松,也在日记中感叹于自己的纠结之情:"我现在对我底前途,想来觉得很苦痛,因为我从前总想做个大学问家,现在虽然投身到工厂里,愿意做个社会改造者,可是我底知识欲总

---

① 时人对于学生应如何对待参与政治活动这一问题相关论说的交织流变,可参见刘宗灵:《"象牙塔"抑或"十字街头":五四前后社会思潮中"学生"与"政治"对应关系之论争》,《党史研究与教学》2019年第6期。
② 《汪寿华日记·求知录》,《近代史研究》1983年第1期,第47—48页。

是很盛很盛呢。我想到我底知识的程度,正[真]觉得恐慌,因为我现在要求知识底工具——外国文字,还一点到[都]没有预备好!"①

不过,国家内忧外患、民生多艰的局面对"五四"前后这一代知识青年的冲击是巨大的,如果再结合大部分青年自身生活境况的贫困化趋势②,便可知晓彼时为何那么多人会急于寻求一条以新思想、新理念、新组织推动社会全面变革的可行道路。③民国初年在闽西念中学的贫家子弟邓子恢,就在日记中留下了许多对外丧国权、内困民生情景的愤慨之语:

> 国权丧失,国本动摇,异日瓜分,祸烈奴隶,惨闻胥由是播种。呜呼,袁氏贼害吾民不少矣!幸也,国民富热心之

---

① 俞秀松日记,1920年6月27日条,收于中共浙江省委党史研究室编:《俞秀松纪念文集》,当代中国出版社,1999年,第114—115页。

② 有学者即颇有见地地提出,近代中国并非恩格斯所预言的走向更高阶段的发达国家,反而是一个大量民众在死亡线上苦苦挣扎的极度贫穷国度。在人口压力和战乱匪患的循环之中,近代中国的物质生活几乎回到了人类社会发展初期,这可以称之为"返祖现象",也就是说回到了与原始公有制时期相似的贫穷水平。因此,中国共产主义运动的力量并非来源于发达,而是在很大程度上源于极度贫穷。参见张永:《家庭伦理与革命伦理:中国共产党早期党员的伦理归属抉择》,《东南学术》2020年第3期。

③ 许纪霖探讨了大革命时期和一二·九运动前后两代激进知识分子走向革命之途的个人背景和心路历程。他认为,家庭、学校和童年经历是影响读书人趋向激进的重要因素,而重大历史事件,特别是暴力流血事件则是激发知识分子投身运动的催化剂。参见许纪霖:《信仰与组织——大革命和"一二·九"两代革命知识分子研究(1925—1935)》,《开放时代》2021年第1期。

诚,老幼解东邻之祸。虽政府不足信仰,而大权实擅。吾民于是大声疾呼,提起救国储金,密相告戒,复步粤人,故智岩境,虽闽南偏邑,文化不落他邦,爰于五月七日集会明伦堂,以悼是日之惨痛,颁之曰国耻纪念会,而演说,而焚日货,莫不壮严可慕,令人血热千寻者。祸民袁贼,凡人切齿,丧失国权,牧童解耻,此现象宁不令人欣慰耶?而岂知五分热血,讥定西人万众一心,徒劳口舌,日货依然进境,国耻已泯中心。今日者风平浪静,不闻五月七日之言,嘻笑如常,曷有泣以唏嘘之客,即自许爱国如予者亦且习然忘矣,优游取乐,谈笑为欢,不复知时日曷丧之文客者自过之语,其他可胜悯哉! 呜呼! 民心如此,国也何堪! 五月七日之耻,何由泄乎? 列强瓜分终成实事矣。呜呼惨哉!①

同时,对当下时局的严重不满,对国家民族命运的焦虑,对自身未来的迷茫,对家庭日益陷入难以克服的经济困局的悲怆,均共同构成了"五四"前后这批关心家国命运的青少年试图探求救世之路的重要历史背景。

再回看此时的巴蜀大地,走马灯似变幻的执政者昏聩失德,社会秩序与政治军事局势日趋混乱的情形,丝毫不亚于国内任何一个地方。彼时的地方报刊上,记录了非常多的历史情景实

---

① 见1916年5月7日"日记"条,收于蒋伯英主编:《邓子恢闽西文稿(1916—1956)》,中共党史出版社,2016年,第37页。

况。如当时四川的商贸经济中心重庆之情形,"江北商务状况此年已陷于万劫不复之地步,近则外受外战之影响,内有帝制之发生,故上届阴历年关,金融界异常窘迫,其他布业、杂货业、烟酒业亦莫不以成本过钜,同遭亏累,至煤油航业各公司,其亏本尤较此超过十倍"。① 再如当时的川西平原,匪患达到惊人的程度,即如离成都省城近在咫尺的新都县,也经常在匪乱中被反复洗劫蹂躏:"新都此次匪乱,为空前所未有。某夜有匪一群,手提玻璃马灯数十盏,连劫一百三十余家,而首先将民团之枪全数劫去。团丁之一二不肖者,反为匪线,事后人民集议,以新都各场连年摊派买枪之费甚巨,所买枪支除被估提外,又屡被匪劫,是无异代匪买枪也。团丁既不能攻匪,又不能保卫枪支,是为无用,且匪之来甚多时,军队尚难得手,何况乡团。故议决,从今不筹款代买枪,听其任意劫掠,并闻金堂亦有此集议云。"②

一省首善之区附近的县城都已到了自暴自弃乃至放弃自卫之法的境地,其他地方更可以想见。成渝等中心城市之外的县镇区乡等更是匪患成灾,日日均可在地方报刊上见到此类记载。如川北一带,屡屡遭匪洗劫一空,人民的生产生活秩序完全崩溃,武胜县巨匪段伟,"前后扰川北一带,情形已迭见各报","段伟原系林豪(?),因军政长官通缉,前年窜入川北,聚集多人占据苍溪县属三川寺九龙山为根据地,日以拉肥劫镇奸掳烧杀为目

---

① 《江北之现状》,《国民公报》1916年3月6日,第2版。
② 《新都空前之匪祸》,《国民公报》1919年1月19日,第5版。

的,及颜陈军队克复保宁,即招段伟为营长,然犹在外阴设匪棚,今年五月,援匪抗军。五师喻团长呈请吕师长转详督军核办。督军电令拿办,段遂复叛后又攻破保宁,仍回九龙山恢复旧业。各县遭匪过惨,恳请督军派兵清乡,督军即派警卫团江防军会剿"。其实很多时候各地的武力均是兵匪一家,今朝落草山林为匪,明日即受招安为官,后日军阀混战一起又沦落为匪,类似情况十分常见。即如报道中所提这个匪首段某亦莫不如此,"闻段现又托绅运动招安为独立营长,某即允当副官,名为招安,实则暗派部队将巴所属之恩阳河、鱼起寺、昭化、虎驿、剑州、白龙场、张王庙等处劫拉去粮绅数百余人。数县人民天天在督军署控告"。① 类似蜀中基层广大乡村秩序完全崩溃的境况,在当时堪称常态。地方社会糜烂如此,本应属"象牙塔"的教育界情形亦相当堪忧,因经费匮乏,基本的教育秩序也不能保证。迄至1926年4月,成都各公立学校尚无法正式行课,"成都各校,因经费无着,欠薪过巨,早呈停顿之象。教育经费[征]收处,亦屡请通令各将领,拨还肉税,无如令者自令,而收者自收。其中有全未交出者,占十之二三,有交出而又收回者,占十之四五,有已经交出,犹派队守提者,居十之三四"。② 因原定拨作固定教育经费的肉税长期被各地军阀挪用强占,教师常年忍受欠薪之苦,各学校教学设备简陋,致使公立各校的基本教学秩序亦难以维持,

---

① 《川北匪患近志》,《国民公报》1920年1月19日,第5版。
② 《成都通讯·各校多未开课》,《新蜀报》(重庆)1926年4月26日,第6版。

学潮频发,师生均不安于其位。①

在这样的背景下,彼时大量聚集了来自川内各方乡土的读书人与知识青年们的蓉、渝等省城或政治经济中心之地,虽亦历经战火匪患波及,不能为他们提供一片持续安定的良好事业环境,但从另一个方面来说也在在以黑暗之现实刺激着那个时代的知识分子群体们,促使他们去寻求荡涤污浊和革新社会之路。② 因此,麇集于该地的读书人们,艰难而持续地在乱世中寻求着家国与一己之未来,并通过各种方式组织了起来。在接下来的两章内容里,笔者将在发掘解读各类史料的基础上,探讨"五四"前后四川地方不同层级、不同背景的知识分子之人生实践、心路历程及其历史意义。

---

① 从1920年前后开始,四川学界因反对地方军阀估提学款而兴起的教育经费独立运动就多次发生,一定程度上冲击了既有统治秩序。参见中共江油市委王右木研究课题组:《先驱·先路:王右木与四川早期马克思主义运动研究》,社会科学文献出版社,2021年,第242—259页。

② 1924年初正在国立成都高等师范学校念书的荣县青年曾莱所著日记,便真切地表达了连绵不休的战乱对百姓日常生活的严重荼毒:"午后到街上一游,见店门多半关闭——饮食店——士兵成群——甘泽民——一旅——遍街谷草,繁杂不堪,莫此为甚。夜闻系因熊克武调回,防刘成勋的。唉! 不好生点,四川省城又要打仗了! 真怪,怪,怪!""夜饭后出街一游,见东大街商业场都一律关门,并亲[见]棒客式的军队强人行使纸币,硬要钱二千六百。""又四川政府乱铸当钱二百文的铜元,于是市价飞涨,商民交困生活现象真正不得了。""夜饭后出街交东西回家,见省方收房捐要生洋,不要纸票。政府发之而政府不用,钱未兑现,已可恶极矣。不谋构和,而务兴兵,以固其个人之私位,其可畏尤甚。唉,四川之事,真只有打个你死我亡然后了。"分见日记1923年12月29日,1924年1月3日、10日条,收于荣县政协文史委、荣县档案馆编印:《荣县文史资料选辑》第15辑(曾莱烈士日记选),1999年,第49、50、52页。

第二章　大时代与"小地方":成都文化精英与五四新文化运动的传播及回响

第一节　新潮西来:"五四"前后的四川地区

四川地区位居长江上游,与华北、华东、华中、西北等区域相对隔离,堪称僻处西陲,自成一个地理单元,在区域经济与自然地理等方面具有相对的独立性,但同时又与其他地域存在紧密的内在联系。据川省地方志阐述,四川地势东低西高,东部为四周高峻、中间低陷的典型盆地,西部为大幅度隆起的高原和山地。按地貌分为四川盆地底部地区、盆地边缘山地区、川西南山地区、川西北高原地区。盆地边缘山地区,由一系列中山和低山组成。北有米仓山、大巴山,西有龙门山、邛崃山、峨眉山,西南有大凉山,南有大娄山,东有巫山等。山脊海拔多在1600—3000米左右,有的超过4000米。盆地边缘地区山高谷深,层峦迭峰,险关隘口密布,易守难攻,是四川盆地的天然屏障,对阻滞外来势力的入川军事行动作用甚大。特殊的地理环境,优越的自然条件,丰富的资源,众多的人口,便利的水陆空交通,使得四川具有极其重要的战略地位。自古以来,"取中原者必资以蜀",有志于逐鹿中原的政治力量多依赖于四川的物力、人力以夺取天下;在统一的封建制国家形成后,四川则是历代王朝财赋和兵力的重要来源地;在封建王朝动荡时期,四川多次成为封建割据地区;当中原政治中心沦陷时,四川又成为坚持抵抗的大后方。四川历史上均是中央政权经营西南边疆的基地,是汉民族同西南少数民族在经济上、文化上相互融汇交流的重要通道,对统一的多民族国家的形成和巩固,起着重要的作用。纵观历史,四川以其独特的地理环境,雄厚的军事潜力,在军事上是中国最理想的战略后方基地,是拱卫西南边陲的国防要地。① 20世纪初期川籍留日学生办的白话刊物上,就已有文章强调四川区域的特殊性:"四川之风土、四川之气候、四川之历史、四川之社会、四川之文学、四川之美术,无不与黄河流域、珠江流域及扬子江下游三河系绝不相混,如另辟一新天地。可爱哉!我们四川真负有一独立国的资格呀!列位列位,我们生长在如此可有为之四川,不能如德国造成一个联邦国家,为各省的领袖,以与日本

---

① 四川省地方志编撰委员会编:《四川省志·军事志》,四川人民出版社,1999年,第1—4页。

争亚细亚的霸权,那也就太辜负四川了。"①这样的阐释逻辑既体现了巴蜀大地在地理区位上的特殊性与独立性,也呈现了她与中国其他地域在政治经济乃至文化风俗上不可分割的内在联系性。

不过,自然环境的天然造就,确实给四川带来了相对于国内其他经济中心与交通要道来说较为封闭的影响因素。直至1921年夏,北京大学教授高一涵应邀赴长江水路交通已算比较便利的江城重庆讲学,仍经历了若干天感受相当闭塞的"痛苦"生活,后来他在公共演讲中声称,"中国有二十二行省,地理上经济上政治上可以独立的,要数四川为第一;所以从前的四川人都以闭关自守自夸,觉得三峡内自有天地,又何必到三峡外来找天地呢?我们不惯在这'壶中天地'生活的人,到此很觉得痛苦,我到四川第一件感受痛苦的事就是看不见新闻。"在他的描述中,四川这块土地上是没有所谓"新闻"一说的:"在四川莫说看不到二十四小时以内的新闻,就是看见二十四天以内的新闻也都是快事。所以在别的地方看报,看的是'新闻',在这个地方看报,却看的是'历史'!"② 著名的白屋诗人吴芳吉也于1918年给朋友的信中抱怨道:"惟隐居读书,亦要有书可读。蜀中古籍易求,

---

① 山河子弟:《说鹃声》,收于张枬、王忍之编:《辛亥革命前十年间时论选集》第2卷上册,生活·读书·新知三联书店,1963年,第564页。
② 高一涵:《新西游记》(五),《晨报》1921年9月14日,第7版。

新书难得,而杂志报章尤少。"① 现代中国知名的四川籍科学家、教育家任鸿隽,1930 年代初回到川内大学演讲时亦提到:"我们晓得四川这个地方,因为地形、人事种种的关系,常常有文化落后的危险,但是要是我们不能使四川的文化与世界的潮流并驾齐驱,不妨退转一步,在四川创造一个新文化。"② 1920 年代中期曾受邀入川到国立成都高等师范学校任教的舒新城,亦在文字中略带抱怨地表达自己的游蜀心境:"这十几日来我最感不快的就是在新闻纸上得不着新闻。我是十五日早起身的,上海的报纸只看得十四日止,沿途有报刊的地方如安庆、芜湖、汉口、重庆等处,我都尽力买当地的报纸看,可是报纸上的新闻除了当地的几件琐闻而外,凡关于世界及全国的事情都以上海报纸为主要的源泉;而因为邮递与排印的种种迟缓,我在各地看的当地报纸,关于此等记载都是我在南京未起行以前数日所看过的;而且愈到上游,相去的时间愈远。"他感慨道:"我记得某君作《四川游记》说四川人民对于中国的大事,只有历史知识,决不会受新闻的影响;当时我很觉得这话有点过于唐突,现在身历其境,又觉它不是全无道理。"③ 此外,1932 年底从鄂豫皖地区出

---

① 《与李宗武》(1918 年),贺远明等选编:《吴芳吉集》,巴蜀书社,1994 年,第 635 页。

② 《赴川考察团在成都大学演说录》(1931 年 6 月),收于樊洪业、张久春选编:《科学救国之梦——任鸿隽文存》,上海科技教育出版社,2002 年,第 428 页。

③ 舒新城:《蜀游心影》(第 2 版),中华书局,1939 年,第 53 页。

发西征,并辗转进入川北建立苏区根据地的红四方面军领导人之一张国焘,对四川的印象也是消息闭塞与意识落后:"四川在中国地理形势上,偏处一隅,而'通南巴'地区更是全省的偏僻地方。当时日本侵略中国,由东三省扩展到华北,一般四川人仍然懵懂的在过活,反日运动的浪潮,也还没有泛滥到这里来。存在于江西瑞金的中华苏维埃共和国中央政府,更是人们闻所未闻。在四川人看来,四川就是一个国度,他们所注意和谈论的都是关于四川的事。甚至'国民党'、'三民主义'和'蒋介石'这类的名词,究竟内涵是些什么,不仅一般老百姓弄不清楚,就是当地的军阀,也不甚了然。"①

然而,封闭并不是绝对的。自清末民初开始,在外来浪潮的冲击下,四川地区的思想文化与社会舆论也开始逐渐出现风气之变化。18岁以前一直生活在成都的李璜回忆:"四川这个四塞之国,在清末虽然长江下游诸省风气已经在变,但四川社会尚未感到,故我谈当时成都商业习尚,仍然保留在中古时代。不过自宣统元年(1909)川江下游行驶轮船,……交通既畅,往来较便,川外的新潮便逐次涌入成都,一切风尚,为之改观",在这种情况下,"外来的人文因素,如留学生来去与新书报运入,皆不复为巫峡夔门的险阻所妨碍,新潮便一直涌向川西,而成都的士风士习因而为之一变"。"在光宣之际,成都绅士们已开始兴办新式学校",特别是有过留日经历的与高等学堂的毕业生,兴办了

---

① 张国焘:《我的回忆》第3册,东方出版社,1991年,第184页。

不少新式小学。① 新式学堂这种具备现代性的制式教育空间的出现,给全新的思想火种、文化血液乃至前所未有的集体公共行为方式在巴蜀大地上的传播普及提供了最适宜的土壤。

例如,在成都出生并成长的新女性胡兰畦(1901年生),从就读于女子私塾开始,便受到了不少新思想的熏陶,后来她在成都的新式女校接受了多年包含西学新知的教育,养成了追求自由权利、男女平等与独立自主的品性,成为那个时代成都女界的趋新代表。她还参加了成都地区轰轰烈烈的五四爱国运动,亲眼见证了新文化、新思潮对这座古城的巨大冲击。她多年后回忆道:当运动在北京初起时,"成都各界人民奋起响应,掀起了轰轰烈烈的反日运动。全省来说,成都的学生闹得最红火,益州女学、女子工业学校、女子实业学校的学生也都参加了。一九一九年五月十七日,全市三十多个学校的学生数千人在皇城致公堂聚会,共同商讨决定开展大规模的游行、讲演,并联络各校教职员筹备成立'学界外交后援会',声援北京学生的反帝爱国斗争。二十五日,成都三十多个学校(包括十所女校)的学生六千余人,在少城公园召开'学界外交后援会'成立大会。各界人士一万余人也参加了大会"。② 女校的学生代表在这场万人大会上发表了公开演讲,这在成都也是自古以来第一次,震动非常大。

---

① 李璜:《学钝室回忆录(增订本)》上册,传记文学出版社,1979年,第17—18页。

② 《胡兰畦回忆录(1901—1994年)》,四川人民出版社,1995年,第19页。

与胡兰畦年龄相仿、早期人生经历也颇相似的趋新女性秦德君,也在"五四"前后参与成都学生救亡运动的过程中,受到了全新时代思潮的洗礼,她后来回忆道:"1919年,'五四'的熊熊火焰燃遍全国,学生爱国运动风起云涌。成都高等师范学校学生刘砚僧、王维彻、袁诗荛、张秀熟、杨丽坚,还有附中学生刘先亮、吴先忧等,团结全市学生掀起了爱国运动的热潮,声势浩大,他们拍发电报,声援北平爱国学生,声讨北平卖国政府,呼吁各界一致反对北洋政府在'巴黎和约'上签字。"值得注意的是,她在这里提到的多位"五四"青年人物,不是后来相继入团入党的革命先驱,就是一度信奉无政府主义思想观点并在生活中加以实践的激进知识青年。在秦德君的描述中,成都乃至四川地区的新文化运动也是生气蓬勃地开展起来,在学生运动中成立了"四川学生联合会",创办了四开大张的《学生潮》报。接着《星期日》《新空气》《直觉》《半月报》等小刊物相继出版,文化宣传盛况空前。正在成都的省立女子实业学校念书的秦德君也深受感染,因深感家庭内部的黑暗与不公,愤而发出了自己的声音:"那时,我也拿起笔,奋力批判旧社会,呼吁男女平等。在《学生潮》上,我写过一篇《我的黑暗家庭》,《国民公报》和《川报》上登载过我以'秦文骏'为笔名写的《要求女子参政》。"①

　　胡兰畦、秦德君等经历过五四浪潮淘洗,勇敢与旧家庭、旧

---

① 秦德君、刘淮:《火凤凰——秦德君和她的一个世纪》,中央编译出版社,1999年,第5—6页。

习俗对抗的"五四"式激进青年所观察的社会情形,似乎与前面高一涵、舒新城等由省外入川的知识分子感受到的情景有较大差别。这主要是由两个方面原因造成的。首先是胡、秦等人的历史叙述是在数十年后的回忆中形成的,并不是即时叙事,本来就难免带上受时代话语结构系统影响的"后见之明"的影响,这自然与高、舒等人的即时观察与现场感受会有一定的距离。其次,作为已在旧式传统生活中浸润已久,而社会地位又普遍较男性为低的青年女子来说,哪怕只接受到了在外省趋新中上层知识分子看来不足挂齿的一丝一缕新思潮、新文化的冲击,在感官上也会是比较新奇与震撼的,其记忆自然会比较深刻,不似外省来的上层新知识分子对一切均习以为常,甚至因为新潮传播在沿海-内地所形成的时间差,而认为蜀中的多数事物是"保守"的、"落伍"的,对当地已经发生的变化却没有什么历时性的深切感受。因此,哪怕都是历史中的当事人,站在不同的位置上,处在不同的时段上,从不同的立场出发,往往也会对同样的社会文化状况与舆论氛围有不同的感观和记忆。无论如何,从当时人的叙述可见,以新思想、新文化为底色的新式群众运动对旧社会、旧习俗的冲击,即使是在川省这样的相对偏僻之地,也在"五四"前后达到了一个高潮,逐步冲破了旧社会固有的信息茧房,带来了一股又一股的新鲜空气,使得"五四"之后的四川社会再也回不到过去,各种点滴变化更是绵延不绝,如水银泻地般影响着政治、社会、思想的变革与区域社会的走向。①

不过,由于地理位置较偏僻与经济社会不甚发达的原因,五四学生运动以前的革新思潮对四川地区影响较为微弱。川中整体上的思想文化与舆论氛围是较为保守的。随着第一次世界大战的结束与各种社会主义思潮的传播,在一片"教育救国""实业救国""文化救国"的喧嚣声中,"社会改造"声名鹊起,成为众多革新知识青年实践救国救民理想的重要途径,其声浪迅速转化

---

① 当然,从不同的视角与个体体验出发,可以得出关于时代变迁的不同结论。如王东杰通过1930年代初期就读于成都女子师范学校的一位女学生所留下的个人日记,探讨了其微妙复杂的情感世界与彼时现代校园中的"闺阁"之生成情境。作者认为,成都地区乃至整个成都市教育界的主流在当时仍然是倾向于"保守"的一面,因为不仅传统的孝道、妇道等观念仍然在作为现代教育制度空间的新式女校中得以延续,而且这位女学生直到1933年冬天才"破天荒"地第一次撰写白话作文,并在日记中从正面意义上使用"名教"这个在新人物眼中早已陈腐不堪的概念,这说明成都这样一个内陆城市的社会变迁可能远远低于时人的整体乐观估量。参见王东杰:《一个女学生日记中的情感世界(1931—1934)》,《近代中国妇女史研究》(台北)第15期,第253页。亦有学者认为19世纪二三十年代这一时期的四川地方社会——尤其是基层乡村的社会生活,更多的是此前文化结构的延续。因为思想观念具有社会分层的特性,上层社会对社会风潮的变化往往感觉要敏锐得多,下层社会尤其是一些地域较为闭塞的底层民众的感觉则要迟钝许多,一个人或一个社会的意识形态或观念系统的改变,非短时而能奏效。参见徐跃:《民国时期四川民间慈善组织十全会的兴衰》,《四川大学学报(哲学社会科学版)》2018年第6期。总体来说,笔者亦赞成上述学者的判断。不过,笔者认为,从时代演变的趋势上来讲,"五四"前后逐步形成的文化产品市场、价值体系与文化惯习等,始终在润物细无声地影响着川中社会,只不过在不同的历史时期与个体身上,其作用的程度与产生的效果会有天壤之别。因此,不同学者从自身研究与观察立场出发作出的判断,均自有其学术价值。

为"社会运动",也最终导向了社会革命。① 这种情形下,众多趋新知识青年不再满足于纯粹学理上的研究与思想上的探讨,对于社会事务的参与和改造成为当时大多数人的呼声和诉求。1920年2月10日,少年中国学会成都分会便发文称:"我们遗憾的是在社会里还没有丝毫的贡献,我们希望的途径是自我的改造、社会的改造。"②

不论是五四新文化新思想的传播,还是实践社会改造的目标,都需要大批接受过新教育的新式知识分子参与。正如论者所述,因西式教育体制大规模普及而接受过各种新教育的知识分子,在与现代西方文明的接触过程中,与传统的思想体系和统治阶级不断疏远,这使他们能够领导其他不安定分子开展一场"救国"的伟业。五四运动正反映了所有这些社会势力的重新改组。③ 对于僻居西陲的四川地区来说,虽然民初以来一直面临着军阀混战、社会动荡、经费困乏等重重困难,但五四运动前后新式教育在川内仍然取得了不小的发展成就。据英国驻四川的代理税务司克鲁滨(G. Klubien)在其海关报告中记录的信息,1912—1921年的十年间,重庆新开办了一所工业学校和一所农

---

① 王奇生:《革命与反革命:社会文化视野下的民国政治》,社会科学文献出版社,2010年,第65页。
② 张允侯等编:《五四时期的社团》(一),生活·读书·新知三联书店,1979年,第256页。
③ 周策纵著,周子平等译:《五四运动:现代中国的思想革命》,江苏人民出版社,1999年,第9页。

业学校,成都有一所法律学校、一所农业学校、一所商业学校、一所工业学校、两所师范学校和两所专门学校。在各城市及乡区,公立的和私立的初等小学的数目都有显著的增加。依据成都学务局保管的记录,1916 年——以后无记录可凭——全省计有男生高级学校 6 所,法律学校 2 所,师范学校 18 所,中学 67 所,小学 141 547 所,共有男学生 500 661 人。女生师范学校一所,中学一所,小学 493 所,共有女学生 24 624 人。男女教员合计 22 172 人,外加校长及监学等 15 257 人。这十年的晚期显示出了较高级各校学生态度的大变化。不过,在他眼中,全川学生"直到 1918 年,他们总是谨守学习范围,不曾关心政治问题"。①

民国初年,川内教育领域的新旧杂陈,新式教育体制下学生思想行为的被禁锢,在不少当时人的回忆中可以体会到。籍贯川南宜宾高县的知名文艺家阳翰笙,到了民国初年后,一边上新式国民小学,学习英文、算术、美术等课程,一边仍跟随廪生、拔贡出身的塾师读旧书。甚至到了 1919 年前后,"宜宾的三所中学仍然崇奉孔孟之道,校长相当专横,管学生如管奴隶,压迫很甚,学校没有生动的气息,其教育远远脱离时代"。② 直到五四风潮已波及巴蜀大地之后,川内仍有许多学校不允许学生读新

---

① [英]克鲁滨著,李孝同译:《重庆海关 1912—1921 年十年调查报告》,四川省政协文史委编印:《四川文史资料选辑》第 12 辑,1979 年,第 219—220 页。

② 阳翰笙:《阳翰笙选集》第五卷,四川文艺出版社,1989 年,第 33、34、42 页。

书报,新旧势力斗争激烈。在1920年出版的《星期日》周刊中,就载有不少各地学生来信,反映了五四学生运动后许多学校新思想新文化传播的艰难境况。例如,成都联中学生抱怨本校的"图书室中,关于新思潮的杂志报章一本也没有",校方则对学生表示:"你们在求学时代,很年青,容易感受恶习,那些违背圣训,不依正规的东西,读它做什么?"而另外一所学校的修身课选本,则仍是《管子·弟子职》《曲礼》《内则》等儒家文论;成都女子师范学校的国文、修身等课程教本,仍然是讲三从四德、贞操节烈最多最重的本子;川东达县有几位留学京沪的苦学生,集资买了许多新杂志,寄回本县学校中,却不料被办事人给没收了。① 甚至直到1920年底,五四风潮的影响还尚未触及位于通商大埠的重庆女子师范学校。"女师学生只知上课下课,吃饭睡觉,从无其他社会活动,也少讨论国事,在课余或节假聚会,也只能轻声细语摆摆龙门阵。……学生生活好似一池死水"②。到了1921年上半年,社会革新思想才波及女师校园,学生们才开始组织学生自治会,参加川东学联,创办平民学校,尝试开展一些社会活动。

上述这些情况,一方面说明新式教育机构在川中数量的发展并未很快带来思想文化上的革新与社会改造上的成效,顽固

---

① 张秀熟:《五四运动在四川的回忆》,中国社会科学院近代史研究所编:《五四运动回忆录》下册,中国社会科学出版社,1979年,第878页。

② 丁秀君:《富于革命精神的重庆女子师范学校》,四川省政协文史委编:《四川文史资料选辑》第38辑,四川人民出版社,1988年,第146页。

守旧的习气仍亟待新思潮、新运动的传播与输入来打破;另一方面,因地域辽阔和地方情形多有差异,五四革新思潮向川内的传播与渗透,在时序上也有先后之分,体现出波浪式次第推进的图景,逐步地打破了蜀中死气沉沉的局面。

不过,偌大的四川地区也不是完全没有新文化新思想传播的孔道,旧习俗旧礼教带来的压迫感也让川内众多知识青年极度渴望改变这"苦闷"的情形。民国川中文化名人李劼人回忆道:"记得一九一九年的成都,也和当时全国情形一样,由于资产阶级旧民主主义革命的彻底失败,帝国主义势力加紧侵略,已经解纽的社会,到处都呈显出一种糜烂而不可收拾的局面,越是有思想的人,越是感到苦闷。五四运动一爆发,无异黑夜漫漫当中,露出了一线光明。"① 可见,五四新文化运动所"生产"与传输的思想资源,正是打破这种闭塞情形的药剂。而设在成都市中心劝业场的华阳书报流通处,就是在四川最早传播新文化书刊的渊薮。《新青年》《甲寅》《每周评论》等省外新文化期刊,与省内出版的《国民公报》《蜀报》《四川群报》《川报》等一定程度上介绍宣传新思想的报刊,均在这里有售。② 这个书报处的主持人陈岳安也是地方文化名流,与吴虞、李劼人等交往相当密切,他的名字频繁地出现在了包括吴虞、李劼人、巴金、陈毅、张秀熟等许多经历过五四浪潮的川籍名人的日记或回忆录里。据五四时

---

① 李劼人:《李劼人全集》第7卷,四川文艺出版社,2011年,第53页。
② 中共四川省委党史研究室:《中国共产党四川历史(第一卷)》,中央文献出版社,2009年,第19页。

期相当活跃的成都高等师范学校学生张秀熟回忆:"一九一五年以后直到大革命时期,成都有一个华阳书报流通处,专门销售进步报纸、刊物和书籍。从《新青年》出版开始,它陆续不断输进了所有全国出版的新文化刊物。四川青年学生,在封建文化窒息下,正追求光明而不得途径,因而《新青年》、《每周评论》、《星期评论》、《湘江评论》、《浙江新潮》、《新潮》等刊物,就成了青年学生指引迷路的灯塔。反对者对这些刊物攻击愈烈,购阅者愈多,所起的影响也愈大。一些平时埋头故纸堆的同学,也不能不购买几册,以一探究竟,有的人一接触就为真理所征服,很快的受到了新思潮的影响。"① 新理念的萌芽与新思潮的涌动,为五四新文化运动的时代思潮在四川地方社会得到积极的回应,以及进步思想、革命组织等在巴蜀大地的渗透、传播、扎根提供了良好的环境与土壤。

其实,五四学生运动时期,四川的政治氛围总体上还算比较宽松,地方军阀政客对有组织的群体运动的控制、镇压力度并不大。② 这一方面或是因为地方军阀政客们忙着争权夺利抢地

---

① 萧三等:《青年运动回忆录——五四运动专集(2)》,中国青年出版社,1979年,第241页。

② 美籍华裔历史学者陈志让分析认为:北京学生运动之所以能取得成功,一定程度上和行政当局较和缓的态度有关。而动用军警严厉镇压学生运动的则多是由皖系或亲近皖系的军阀所控制的地方,如安庆的倪嗣冲、上海的卢永祥、济南的马良、杭州的杨善德、长沙的张敬尧、西安的陈树藩、福州的李厚基等等。其他的地方统治者因政治利益的关系则要相对温和一些。见陈志让:《军绅政权——近代中国的军阀时期》,广西师范大学出版社,2008年,第114页。

盘,有更迫切的事情需要应付,也不清楚新思潮的传播会带来什么后果,对此无暇顾及;另一方面或许是因为学生抗议矛头多指向的是北洋政府,而四川各派军阀除了刘存厚等极少数人与北洋军阀渊源深厚外,其他军系——无论是民初同盟会-国民党系的"实业团"或"九人团",还是刘湘、杨森、赖心辉等后起势力,均与北洋集团关系较浅有关,加上呼吁救国之民意汹涌,因此只要运动各方未直接挑战自身的根本利益,便可暂加容忍。① 五四新文化运动中,外来冲击一波接一波,在这种状态下,无论是"老新党"还是新青年均对未来充满了憧憬,思索着或寻求着个人及国家新的出路。

轰轰烈烈的五四学生运动之后,一方面新文化在全国范围内开始得到广泛传播与扩展,另一方面,以立即行动为诉求的社会激进主义在五四新文化运动中日益扮演着越来越重要的角色,对运动的走向与性质都产生了重大的影响,也促进了早期共产主义组织在包括四川在内的各地区落地生根。因为交通与通信条件落后之限制,四川受北京首倡的五四学生运动的冲击虽较沿海各省为晚,但在随后的多年时间里,随着学生运动而来的新文化,渐渐改变了部分社会群体的走向,为这片土地及诞生于斯、成长于斯的人们塑造了新的人生旅途与精神面貌。

---

① 可参看本馆资料室《国民党内早期的派系与四川"九人团"和"实业团"》、吴光骏《四川军阀防区制的形成》,收于四川省文史研究馆编:《四川军阀史料》第2辑,四川人民出版社,1983年,第90—95、199—212页。

第二节 时代与个人:新文化潮流下的吴虞和地方社会

谈到五四新文化潮流在四川的发轫、传播与壮大,就不能不提到吴虞这位四川知名文化人。吴虞出生于1872年,家乡是位于成都平原核心区的新繁。他曾师从蜀中知名今文经学大师廖平,亦曾赴日留学,研习西方法制精义。吴氏素来对新学兴趣颇浓,曾经在清末就与朋友创办书局报社,传播西学新知,被时人称为"成都言新学之最先者"。也正因为他坚持反孔非儒的立场,以及与乃父发生激烈冲突,致其被旧学名家主导的成都教育界视为"非理非法"的名教罪人,遭受到了多年的排挤打压。① 不过,晚清以来新式报刊的蓬勃兴起,既为读书人提供了接受认知新学问、新思想、新资讯的管道,也为他们搭建了发表意见、交流联络、积累声誉资本的平台,甚至是向上进行社会流动的"进身之阶"。② 吴虞虽被排斥出蜀中教育界达七八年之久,但其文字著述与发表活动却未中辍,因而与川内外报刊及推崇新文化的同道建立起了较为紧密的联系。1915年12月,吴虞曾对自己发表在海内外报章杂志上的文字做了初步整理,我们能看到,其发表作品的媒介载体不仅有成都本地的《通俗报》《蜀报》《法政

---

① 赵清、郑城:《吴虞》,四川省地方志编纂委员会编:《四川近现代人物传》第1辑,四川省社会科学院出版社,1985年,第176—177页。

② 章清:《民初"思想界"解析——报刊媒介与读书人的生活形态》,《近代史研究》2007年第3期,第7—8页。

杂志》《共和杂志》《通俗日报》《国民公报》《政进报》《公论日报》《天声报》等,更有在上海、日本等地出版的《小说月报》《进步》《甲寅》《新民丛报》《宪政新志》等刊物,足见其在著述上用力之勤。① 吴虞发表这许多作品,不仅稿费收入不菲,也逐渐为自己建立起了全国性的声誉,为冲破川中守旧的学界、思想界对自己的压制,争取在本地的生存空间,打下了坚实的基础。

其后,随着新文化运动的渐次展开,吴虞如鱼得水,通过频繁地发表蕴含革新观点的著述以及与新派人物的交往互动获得了更大的挥洒空间。由于自身思想主张在所处区域社会背景中的特殊性,吴虞甚为积极主动地与川外宣扬新文化的刊物及名人建立联系,接受欢迎思想新潮流的冲击。② 据日记所载,至1920年他阅读并订购的基本均以宣传新文化乃至社会革新思潮的期刊为主,如"《新青年》、《新潮》、《新教育》、《学艺》、《太平洋》(二卷一号起)、《建设》、《东方》(十七卷一号起)、《大学月刊》、《少年中国》、《少年世界》、《解放与改造》(二卷一号起),共

---

① 《吴虞日记》上册,四川人民出版社,1986年,第230—231页。
② 近年来学界已有人对吴虞与新文化运动之间的关联作出了研究,梳理了新的时代背景下新文化运动造就的机遇对吴虞人生命运的影响。不过,相关梳理对于吴虞在地方社会上的活动历程及其与少年中国学会及其他学生社团之间的关系仍有所忽略,值得进一步探究。参见王汎森:《思潮与社会条件——新文化运动中的两个例子》,收于氏著《中国近代思想与学术的系谱》(增订版),上海三联书店,2018年,第264—299页;黄天华:《从辛亥革命到新文化运动:吴虞与民初四川思想界的演变》,《四川大学学报(哲学社会科学版)》2011年第6期。

十一种杂志,尚有《新中国》一种,拟停购"。① 这较之前期芜杂多样的媒介阅读已有了较大变化。读书人的阅读与投稿,其实也是个不断选择思想同道乃至建立"文化共同体"的过程。吴虞在广泛阅读书报时,倘若遇到与自己观念相近的刊物编辑乃至报刊作者,便立即将自己已刊或未刊的作品文稿寄去,并主动与之建立较持久的通信往来。如他的诗文1915年便已被荐刊登于陈独秀襄助编辑的《甲寅》杂志,随后又将更多作品寄给陈,并获得了后者的积极回应,"尊著倘全数寄赐,分载《青年》、《甲寅》,嘉惠后学,诚盛事也"。② 双方从而建立起了较紧密的关系,这有助于吴虞的文字更多地在新文化运动中的重量级媒体上刊出。1917年3月25日,当他得知自己的得意之作《家族制度为专制主义之根据论》即将刊于《新青年》第六号时,激动地在日记中记载:"余之非儒及攻家族制两种学说,今得播于天下,私愿甚慰矣。"一个月后,当他看到自己的名字亦被《新青年》编辑部纳入当世名家之列,大受触动,在日记中感叹道:"《新青年》三卷一号将一、二卷目录特列一页,上署大名家数十名执笔,不意成都一布衣亦预海内大名家之列,惭愧之至。然不经辛亥之事,余学说不成,经辛亥之事而余或不免,四川人亦无预大名家之列者矣,一叹。美人嘉莱儿曰:文人亦英雄之一种。余正不可妄自

---

① 《吴虞日记》上册,第561页。
② 陈独秀:《答吴又陵》,《新青年》第2卷第5号,1917年1月1日,"通信",第4页。

非薄,以为逊于世之伟人也,勉旃。"① 其中既有表层的自谦,但更有因发表鼓吹新文化新观念之报刊文字,给自己带来了声名荣誉等无形资本而产生的满足与自许。

通过翻检史料我们能看到,在新文化运动前后,吴虞的名字越来越频繁地出现于各种趋新人物的论述中。1914年吴虞自编的诗文集《秋水集》出版后,即主动寄送给包括柳亚子在内的国内外报刊界、诗文界的诸多闻人,他也由此渐引起海内外文化出版界的注意。1917年3月,吴虞便收到时任南社社长柳亚子的来信,文中对他推崇备至:"前从《民国日报》传读大著,知为今世之能倡唐风者,无任佩服!顷又自鹤雏处转到去岁十一月十七日所发手教,慰甚慰甚!""今读先生所言,知于曩时持论,合若符节。窃幸吾道不孤,私以入社为请,甚以先生不弃鄙陋,惠然肯来,则拔帜树帜,可以助我张目,万幸万幸!"而吴虞亦当即欣然填就入社书以加入南社。当年7月30日,柳亚子更在《民国日报》上撰文称:"吴又陵先生,西蜀大儒,博通古今中外之学,其言非孔,自王充、李卓吾以来,一人而已。……所持极正,所造极深,当代作者,殆罕其匹。故耆硕之士如谢无量、陈独秀、章秋桐、刘申叔辈咸深相推服。"② 新旧杂陈对立之际,倾向于新文化的读书人之间的互相称颂乃至造势,于此体现得淋漓尽致。1918年7月,《青年进步》第十四期登载了吴虞的《民智日刊缘

---

① 《吴虞日记》上册,第295、310页。
② 《吴虞日记》上册,第290、345页。

起》《悼香祖诗》等作品。该刊编者范丽海并在文末附识有云："成都吴爱智先生与廖井研齐名,前年承寄示《秋水集》诗一卷,清新俊逸,得未曾有。生平主张非儒主义,于古代宗法政治,掊击尤力,较井研近日《知圣篇》、《孔经发微》等作支离破碎,甚难实非者,迥然不同。顷又以《悼亡诗》二十章及此文见邮,极为刊入文苑栏,以论读者。先生旧学宏深,新知超轶。蜀中多奇才,此'老'其选矣。"① 该文认为吴虞和大他二十岁的乃师廖平齐名,其推重之意溢于言表。1919 年 5 月 14 日,吴虞读到《时事新报》"思潮"栏中所载北京大学哲学系学生朱谦之《新旧之相反相成》一文,其中有言:"蜀中有吴虞先生者,好为排孔之论,实于新旧递嬗中为尤有功。先生之学则何如,实竺于老、列、庄文之学者也。吾又常闻先生所著书,称道李卓吾,为官中所禁。"吴虞立即将"《进步》杂志登有李卓吾别传二册检出封好",第二日便挂号寄给上海《时事新报》馆转朱谦之收,以此扩大自己学说之影响。②

思想文化界的声誉也会适时转化为实实在在的流动机会。吴虞后来有机会赴北大执教四年,进入到全国新文化运动的中心地带,获取更大的声誉,自然与他此前十余年的观点立论和新文化运动非儒排孔的潮流若合符节紧密相关。吴虞堂弟吴君毅与北大教授胡适等人相熟,1917 年底便致信于他,声称:"日前

---

① 《吴虞日记》上册,第 401 页。
② 《吴虞日记》上册,第 462 页。

章行严、胡适之过谈,盛称兄学术思想不似多读旧书者,弟拟荐兄主讲中国文学于北京大学。不审老兄有出山意否也?"1921年初,吴虞终于正式获得北大教职的聘任,月薪200元。吴君毅在信中劝诫吴虞:"四川局面狭隘(成都尤甚),非吾弟兄久处之乡,争名争利,须在此间。而名胜之多,各界人才之众,生活之美,亦非此间不能按洽领略也。"① 吴虞进京后,获得了更为丰富的文化资源与发声平台,与京沪传媒建立了更广泛更密切的联系。据不完全统计,此阶段他阅读过或发表过文章的刊物,既有《申报》《京报》《时事新报》《顺天时报》《东方杂志》等传播广泛的大众型报刊,亦有《北京大学日刊》这样的学府校刊,数量则多达50余种。1921年10月,由胡适作序与题写封面的《吴虞文录》正式由亚东图书馆出版。在此之前,胡适所作序文便已在国内各大报上刊出,他在序文中称赞吴虞是"中国思想界的一个清道夫","四川省只手打孔家店的老英雄"②,这无疑给初到京城的吴虞带来了更为隆盛之声誉,不少友人纷纷来函表达钦仰之意。吴虞迎来了人生的高光时刻,不禁颇显志得意满地在日记中感叹道:"予之著作,在四川前数年,真有'蜀犬吠日'的景象。近来同调虽多,而'诧异惊奇'的人,委实还是不少。可是一到了人文荟萃的北京,简直欢迎到这种地步,足见社会文化程度上的差

---

① 《吴虞日记》上册,第361、581页。
② 曹伯言整理:《胡适日记全编》第3册,安徽教育出版社,2001年,第318、321页。

异了。"①

自清末即坚决秉持反对儒家伦理立场的吴虞,在四川较为保守的文化风气下,颇受非难,经历了多年的自我压抑与蛰伏。其夫人曾兰亦曾劝诫他"处此乱世,当学陶渊明读书避世,不谈时事,报章文字概行谢绝,以免以文字语言贾祸,守明哲保身之戒",吴虞也曾给自己立下"不入党派,不作主笔,不会生客,不轻出门,不妄写信,不发议论,不主是非"的戒条。② 不过,作为彼时四川地方上新派代表性人物的吴虞,有着充沛的精力与移风易俗的强烈活动欲望,难以完全自我禁锢,他着于于地方思想文化界的中下层力量,通过扶助身边知识青年及在校学生实现新文化的传播与再生产的目标,渐渐地在成都这个地方社会场域中为新思想打开了局面。

尤其值得一提的是,吴虞对地方知识青年与学生创办的《星期日》《威克烈》等宣扬新文化的刊物,亦极尽奖掖扶助之能,着力帮助其提升文章内容品质与扩大社会影响。吴虞与《星期日》的关系,后文再作详论,此处先谈谈吴虞与《威克烈》的关联。后者是成都外国语专门学校所办刊物,而吴虞长期在该校兼任国文教师,与办刊学生关系较为紧密,应邀承担了指导与编辑之责。吴虞自始至终也尽心尽力,从该刊创刊始即深度参与其中,在1919年底至1920年上半年的日记,不下二十余次提及《威克

---

① 《吴虞日记》上册,第621页。
② 《吴虞日记》上册,第270、159页。

烈》。兹略举数例,1919年11月24日,吴虞在成都外国语专门学校授课之后参与了杂志创刊会议,"举周报经理员、编辑员、印刷校勘员、发行员、主笔员,午后三时课毕,会齐职员,议定周报名曰《威克烈》,即周刊之义"。次日又记道:"《威克烈》下星期出版。"此后,日记中便频繁出现替《威克烈》审稿的记录,并对学生办事不力之处以及杂志自身问题进行臧否,"《威克烈》印坏,足见学生能力薄弱。所谓学生会、少年中国学生分会在四川成绩殊可推想耳","夜阅《威克烈》稿,批评觉太长而少精彩"。值得注意的是,吴虞在新文化界用心对《威克烈》这份学生期刊进行了推荐与宣传。如1919年12月12日,他致信在北大任教的堂弟吴君毅,"请觅蔡孑民、胡适之、陈独秀、高一涵、李公度、朱希祖、沈尹默与《威克烈》报作白话文。饭后发君毅信。附去《威克烈》报社名片五张"。次年3月8日,"又复秉诚信,附去《威克烈》一张,费三分"。3月21日,"发胡适之信,附《威克烈》一纸"。此外,日记中还有为刊物捐款之记录,"午饭后过外校,交《威克烈》报社捐银二元正"。① 如上所示,吴虞日记既为我们提供了研究这份名不见经传的新文化期刊的宝贵资料,也呈现了新文化界同道师生的互相扶持过程,颇类于胡适、高一涵等老师辈与北大学生辈所创办的新潮社之间的关系。

此外,还可值一提的是四川新文化刊物间的互相声援与支持。1920年初,同样也有吴虞深度参与的《星期日》周刊便载文

---

① 《吴虞日记》上册,第499、500、501、502、515、521、528、530页。

对《威克烈》等同道刊物进行了有力推介:"从民国八年起,大致成都这小小的一个城里,先后已出了四五种周刊了。在这四五种中,与我们同时并创的,是《新空气》周报;迫近八年底出版的,是《威克烈》。现在《新空气》出到廿二期了,《威克烈》还在第五期上。他们俩虽迟早不一,但都是以传输新文化,改造旧社会自任的。确是成都的最新出版物——有价值的出版物。《新空气》是集合同志的人组织的,《威克烈》便纯是外国语专门学校的学生创始的。从他们已经发行的各期来看,《新空气》注重事实,如盐岸、工厂、市政等,大都求生计问题的解答;《威克烈》注重的是探讨学理,如'人生的路'、'社会改造与伦理'、'意象起原'等,大都是科学问题的研究。这是他们不同之处。"接下来,便是将这二者引为同道,以壮新文化阵营之声势,"他们的志愿,也是《星期日》不敢推卸的。他们的研究、批评,也是《星期日》认为重要的,想解决的,爱看《星期日》的朋友们,不可不买着《新空气》与《威克烈》看看"。①

地方趋新知识分子间的联动与互相应援,毫无疑问促进了世风的逐渐变化。1919 与 1920 年之交,吴虞日记中便记载了地方社会风气转移之一斑:1919 年的最后一天,吴虞"至流通处小坐,阅其售报簿,成都县中学买《新青年》等杂志二十二元,守经堂亦买《新青年》,潮流所趋可以见矣"。几天之后的 1920 年 1

---

① 不平:《〈新空气〉与〈威克烈〉》(1920 年 1 月 4 日),原载《星期日》第 26 号,收于成都市总工会工人运动史研究组编印:《成都工人运动史资料》第 3 辑,1984 年,第 10 页。

月3日,日记中又出现"现在舆论渐多觉悟,主张大半与予同矣"这样的描述。① 吴虞的这一判断,可能过于乐观,新旧文化间的缠斗断非短时期内能见分晓,不过这也是地方一般舆论已渐起变化的一个旁证。当然,这也并不全是吴虞一人之功劳。如前所述,各地青年学生在五四运动之后便蓬蓬勃勃地"动"了起来②,组社团、办白话报刊一时成为学界青年界的普遍潮流,趋新学生群体的心态变化、世风转移与作为先行者的文化精英吴虞等人的努力一道,构成了对旧传统、旧习俗的强大冲击力量。

其后不久,吴虞对地方社会风气之转移还有更加细微的描述。1920年春,他在致胡适的第一封信函中,便详细介绍了自己传播新文化的努力以及与旧势力间的斗争:"成都风气闭塞,顽陋任事,弟二十年中与之宣战,备受艰苦。《新青年》初到成都不过五份,弟与学生孙少荆各购一份,为之鼓吹,又与少荆诸人组织《星期日》及外国语学校学生邓奎皋、杨铭诸人(皆弟之学生)组织《威克烈周刊》,销行颇广。近一二年风气渐开,而崇拜先生及仲甫之学说者尤多。……星期日社友陈岳安代派各省报章杂志,自去岁双十节日始至年底止,销数五千余元,足见新势

---

① 《吴虞日记》上册,第511、512页。
② 五四时期许多人都有这种"动"起来的感觉。如罗家伦就认为"五四"最大的功劳就是使中国"动"起来了。参见罗家伦:《一年来我们学生运动底成功失败和将来应取的方针》,《新潮》2卷4号,1920年5月,第850页。夏丏尊也认为1919年以后,中国要进入动的时代了。见夏丏尊:《一九一九年的回顾》(1919年12月31日),收入商金林编:《白马湖之冬》,江苏文艺出版社,2009年,第209页。

力之发展。惜乎杨沧白用人惟旧,如高等师范校长杨伯钦,联合成都县中学校长张铮、成都县中学校长龚向农、华阳县中学校长林山腴,皆异常反对白话文及新思潮。而女子第一师范校长陆慎言,锢蔽尤甚,殊为障碍。弟等乃从各校学生着手,为文化之输入,现在学生颇有觉悟者,各于校中组织书报社购置新书杂志,校长亦无如之何。今年上学期终了,风气必当更进也。弟前作《说孝》一篇,此间颇多反对,甚至于卫戍司令部控告弟同孙少荆为过激党,真可笑矣。此篇曾经邮寄教正,不知到否。"①吴虞此信虽不无自褒之意,但也证明了此时成都乃至四川思想文化界与教育界中新旧交织之相,并很自然地将素未谋面的新文化界名家胡适引为同道或后援,其着力融入新思潮阵营的意图甚是明显。

通过自身对全国性新文化新潮流的接纳拥抱以及再生产的持续性努力,吴虞终于摆脱困境并迎来了丰富的收获。陈独秀、胡适、章士钊、柳亚子等新派文化人物,以及《甲寅》《新青年》等知名传播媒介与北京大学等新式教育机构,为他打开了机遇之门,使其大大改善了自身处境,在四川乃至京沪争得了更多活动空间与正面声誉,这无疑是研究新文化运动与个人命运交织互动的一个典型样本。

不过,吴虞的个人经历对于四川教育界、思想文化界的广大

---

① 《吴虞致胡适》(1920年3月21日),中国社会科学院近代史研究所中华民国史组编:《胡适来往书信选》(上),中华书局,1979年,第87页。

群体而言,并非普遍现象,我们似乎更应将之视为一则比较独特的个案。吴虞在传统意义上的新文化运动期间已是四十多岁的中年人,且有家有口,有固定的谋生处世之道,其世界观至彼时也已基本定型了。我们或可将其视为一个本已位居社会中层以上的文化精英,如何借助新文化运动的潮流拓殖自己的人脉资源与声望资本,以博取更多"进身之阶"与更高社会地位的故事。那么,远比吴虞年轻的一代人,又是如何在五四新文化蓬勃袭来的浪潮中,做出不同于前辈的人生抉择的呢?我们接下来就借助少年中国学会成都分会这个管道,窥视这一批四川知识青年在运动中是如何发声,如何由地方舞台走向全国的。

第三节 少年中国学会成都分会的成立、活动及吴虞的参与

1919年7月1日成立的少年中国学会,是五四时期历史最久、会员最多、分布最广的一个知识分子社团。总会最初的七位发起人中,就有四名四川人,即王光祈、曾琦、周太玄、陈愚生。在学会创建过程中起到重要作用的王光祈,曾如此表达立会之宗旨:"本会同人何为而发起斯会乎?以国中一切党系皆不足有为,过去人物又使人绝望,本会同人因欲集合全国青年,为中国创造新生命,为东业辟一新纪元。故少年中国学会者,中华民国

青年活动之团体也。""吾人最终目的,即为创造'少年中国'。"①从中可以看出当时的革新青年欲全面改造中国之志向。因王光祈、曾琦等发起人与身在四川的李劼人等是早年中学同学,素来交好,联系密切,而周太玄之弟周晓和此时也在成都活动,所以以李劼人为首的这批省内知识青年较早就得知了北京在筹备少年中国学会的消息,并有意共襄盛举。

据李劼人回忆,五四运动之后不久,王光祈与曾琦就联名给他写信,约他入会,并要他在成都发展会员。李认为"虽然科学精神、社会活动是两句很抽象的话,但在当时听来,不但新鲜,还非常吸引人",加之是至交王光祈等邀约,便毫不迟疑地加入了少年中国学会,并积极介绍身边同道入会。"当时发展会员并不怎么严格,大抵只要赞成学会宗旨、不专事于个人私利作打算、志趣略高的人,都可介绍。因此,我在短短半月内,就介绍几个人。当然,所介绍的人,都是平日比较接近,年龄都差不多的——二十三岁至三十一岁——并且都经总会审核认可。"至于为何要在成都另立分会,主要还是因为交通问题:"少年中国学会成都会员因为距北京较远,彼此通一封信动辄要十六七天,个别联系又非常不便,因请于总会,允准在成都成立分会,公推我为负责联络人。这样,成都分会得以成立。"②《少年中国》第一

---

① 王光祈:《本会发起之旨趣及其经过情形(节录)》,张允侯等编:《五四时期的社团》(一),生活·读书·新知三联书店,1979年,第219—220页。
② 李劼人:《回忆少年中国学会成都分会之所由成立》,《李劼人选集》第5卷,四川文艺出版社,1986年,第12—13页。

卷第一期的"会务纪闻"中就登载了成都分会成立的消息:"本会成都分会已于六月十五日成立,该分会现有会员九人,其人名如下:李劼人、彭云生、周晓和、穆济波、胡少襄、孙少荆、李哲生、何鲁之、李小舫。其组织方法已由该分会自行议定:设书记一员,综理会务;又设书报管理员一人,购置应用书报,循环送阅。现已公举李劼人君担任书记兼书报管理员两职。每星期六开谈话会一次,间日共同研究外国文(英、法)三点钟,秋间尚拟办《周刊》以鼓吹少年中国主义。现刻该分会已汇款来京,购置书报,已由总会代为置办一切矣。"① 李劼人在 1919 年 6 月 15 日拟就的致王光祈信函中也详细交代了此事:"少年中国学会成都分会,已于六月十五日借川报地址正式成立。……分会规约,亦已议定,大致与总会规约相同。票举书记一员,综理会务,及与总会接头;又公举书报保管员一人,购置应用书籍报章,循环送阅。每星期六开谈话会一次,间日共同研究英、法文三点钟。各事皆自下周实行。一月后(或暑假后)尚拟办一定期出版物(多半是周刊),若有长篇研究,则送至总会鉴定,以为月刊材料。"②

相对而言,成都分会成员更像是已脱离学校的职业青年小团体,他们多从事于教育与新闻出版等工作,一般年龄相差也不太大,彼此之间因为同学、同事、同乡等各种因缘关系而熟悉,并进而聚合在一起,对当时笼统混沌的新文化的整体向往,又不断

---

① 《会务纪闻》,《少年中国》第 1 卷第 1 期,1919 年 7 月 15 日,第 36 页。
② 《致王光祈》(1919 年 6 月 15 日),《李劼人全集》第 10 卷,四川文艺出版社,2011 年,第 1—2 页。

强化着凝聚的纽带。①（主要会员情况见下页表）此外，还有两名年龄较长的文化人主动申请入会，"一个是当时以批判孔教、批判旧礼教、祖述王充哲学、极力为李卓吾伸冤而著名的吴虞（又陵），后来在《星期日》上写过好几篇非常有力的非孔、非孝等文章。一个是在日本学西洋艺术、曾经与李叔同、欧阳予倩等创办过春柳社、极力提倡新文艺、而旧诗文又作得很好的曾延年（孝谷），后来在《星期日》上也写过一些关于新文艺方面的文章"。但是因年龄悬殊关系，这二人只是被欢迎为会外赞助人，并未准其入会。吴虞主动申请加入少年中国学会成都分会并不奇怪，首先是他与创始成员之一的孙少荆本就为师生关系，来往极为密切；其次，他与一直在成都报刊传媒界供职的李劼人等也早有往来，后来更成为密友；再次，他与李思纯、李小舫、何鲁之等其他会员也有多次交往的记录。② 当然，其根本前提还是双方在思想观念上的相近、相通。

---

① 有论者曾论及清末以至五四时期，通过学生自办或面向学生发言的报刊媒介聚合起来的"学生共同体"，开始逐渐超越传统的血缘、亲缘、乡缘、学缘等认同方式，成为他们了解新知、表达自我、塑造人生样貌乃至参与社会改造的重要渠道。其实，对于业已离校的青年知识分子而言，这种更多依托于思想共鸣的认同与行为模式仍然是有效的。可参看刘宗灵：《新式学生的聚合之途：报刊与"学生共同体"的打造——以民国初年为中心的讨论》，《晋阳学刊》2013 年第 1 期，第 63—68 页。

② 《吴虞日记》上册，第 331、447、475、485 页。

少年中国学会成都分会主要会员个人履历一览表

姓名	生卒年	原籍	家庭出身	在国内取得的学历及毕业学校	出国留学情况	社会职业	主要事迹
胡助，字少夔	1894—1977	四川青神县	不详	不详	法国里昂大学数学硕士	教师	1929—1933年曾任国立成都大学数学系主任，后一直任教于川大数学系。
穆济波，本名世清，晚年自号孟默	1889—1976	四川合江县	小市民无产者（家庭）	合江中学及成都高等师范学校	无	教师	参与恽代英等创办的通俗演讲所，常作专题演讲，向广大民众宣传新文化运动。1918年高师范毕业，兼任《直觉》报及《星期日》周刊主编。1922年，任教于南京东南大学，兼课东大附中，为《合作周刊》（刊物多次改名，但皆宣传新思想）主编第一师范学校。1926年后，先后任教于陕西西北大学，武汉中山大学，四川大学，四川学院，重庆大学等高等院校，四川省美术学院等。

续表

姓名	生卒年	原籍	家庭出身	在国内取得的学历及毕业学校	出国留学情况	社会职业	主要事迹
李思纯，字哲生	1893—1960	四川成都	小职员	不详	1919年赴法国巴黎大学勤工俭学，后转赴德国柏林大学留学	记者，教师	1919年加入少年中国学会，曾为《川报》《四川群报》记者，出国留学期间谋得《时事新报》驻欧通讯记者一职，勤工俭学。留学归国后担任东南大学、四川大学等校的教授，1953年担任四川文史研究馆馆员，后为四川外国语专门学校校长。
李劼人	1891—1962	四川成都	父亲早年以教私塾和中医为继祖业生，后在衙门谋差事，家贫	1908年，就读于四川高等学堂分设中学	1919年底赴法勤工俭学	教师，报社编辑，小说家	1913—1915年应亲戚之邀，先后在泸县、雅安县政府第三科做科长。1915年后，先后任《四川群报》《川报》《国民公报》等多个报社分会书记编辑。1919年任少年中国学会成都分会书记兼书报保管员。1925年，集资筹办造纸厂，出任董事。1931—1933年在成都几个中学教员和民主人士。新中国成立后，帮助隐蔽中共党员。在白色恐怖时期，历任全国人民代表大会一至三届副主席人大代表，省政协副主席等。

续表

姓名	生卒年	原籍	家庭出身	在国内取得的学历及毕业学校	出国留学情况	社会职业	主要事迹
彭举,又名彭云生,彭芸生,芸荪,芸村	1887—1963	四川省崇庆堰县(今崇州市)	出身书香世家,地主	先后毕业于四川法政学堂,四川国学院附设学校	无	教师	1917加入少年中国学会。1921年任教于重庆联一。1924年赴南京开中华教育改进会及少年一国学会年会。1932年赴泸日难办《国难日报》抨击日寇。先后任教成都大学预科,齐鲁大学,大理民族文化书院,四川大学等。
周晓和,原名周光煦,号晓和	1892—1969	四川成都	无	1918年毕业于成都高等师范学校英语系	1920年赴法国人蒙伯里野大学地质系学习;1923—1925年人巴黎大学,里昂大学地质高等研究科学习,并获得毕业证书	教师	1919年参加少年中国学会,并创办了《星期日》周刊,发动学生运动响应北京的五四运动和新文化运动。留归国后,先后在省立第二女子师范学校,成都大学,华西大学,四川大学等任教。

103

续表

姓名	生卒年	原籍	家庭出身	在国内取得的学历及毕业学校	出国留学情况	社会职业	主要事迹
孙少荆	1888—1927	四川成都	无	毕业于四川政法学堂	曾赴日本、德国留学	知名报人	1912年2月，在成都主持创刊《公论日报》，同年6月与人合创《女界报》。此后主笔《崇正日报》《共和杂志》《民知日刊》等刊物，曾与卢作孚等在成都共同创办民众通俗教育馆。同吴虞是师生关系。
何鲁之	1891—1968	四川华阳	不详	不详	1919年冬入法国巴黎大学专攻西洋史	教师、报人	1919年任成都分会《星期日》周刊记者。曾任巴黎华法教育会秘书长兼总干事，巴黎通讯社记者等职。后与曾琦等人发起组织中国青年党。1926年回国后历任成都大学、四川大学史学教授及系主任。1947年出任国民政府委员。1950年在香港创办自由出版社，从事反共宣传。
李珩，字小舫	1898—1989	祖籍陕西泾阳，商人家庭，出生于成都	先后毕业于成都华阳中学、华西大学数学系	1925年赴法留学，1927年硕士毕业于巴黎大学，	教师，天文学家	留学归国后，相继任教于山东大学、华西大学、四川大学等高校、先后担任青岛观象台研究院、"中央研究院"天文学研究所研究员。1928至1949年，作为访问学者前往美国普

104

续表

姓名	生卒年月	原籍	家庭出身	在国内取得的学历及毕业学校	出国留学情况	社会职业	主要事迹
李珩，字小舫					1933年博士毕业于里昂中法大学		林斯顿大学工作。中华人民共和国成立初期，任中国科学院紫金山天文台研究员，先后主持上海佘山观象台和徐家汇观象台。1962年上海天文台成立，受命担任首任台长。

参考资料：

洪钟：《李劼人》，四川省地方志编纂委员会等编：《四川近现代人物传》第1辑，四川省社会科学院出版社，1985年，第226—232页；邱沛篁等主编：《新闻传播百科全书（人物卷）》，四川人民出版社，1998年，第1648页；穆显德：《回忆我的叔父穆济波》，四川省合江县政协文史委编印：《合江县文史资料选辑》第11辑，1991年，第25—30页；李盛平主编：《中国现代人名大辞典》，中国国际广播出版社，1989年，第313页；潘天平，雷文雯：《一位被湮没的成都文史大家——四川公立外国语专门学校校长李恩熙》，《四川大学校长传略》第1辑，四川大学出版社，2014年，第64—65页；畅健：《新发现〈彭举日记〉运略》，《荣宝斋》2016年第7期，第236—240页；等等。

其实少年中国学会成都分会的活动时间并不长,当年秋天以后,李劼人等骨干会员便相继留学海外,实践实业救国、科学救国的理想,探索广袤的知识世界去了。"到九月时候,去法国勤工俭学的浪潮一来,成都部分会员遂也毫不迟疑,投入这个浪潮。计头一批冒险出国的,为李劼人、李思纯、胡助、何鲁之,继踵而行的为孙少荆(由法国转赴德国)、周光煦,数年之后,李珩也去了法国。"①

成都分会最为重要的工作之一便是创办出版了《星期日》周刊作为学会会刊,据创刊号上的《发刊宣言》所载办刊目的,便是要"在落后的四川传播新思潮,开展新文化运动"。其宣言中自剖道:"我们为什么要办这个周报?因为贪污黑暗的老世界是过去的了,以后便是光明的世界!是要人人自觉的世界!可是这里许多人还是困于眼前的拘束,一时摆脱不开,尚不能走到自觉的地步上。如其没有几个人来大呼一声,那是很不好的。因此我们才敢本着自家几个少数少年人的精神,来略论一点很容易懂的道理。"②呼唤"光明"、追求"自觉",亦可称为"五四"前后多数新文化刊物的舆论"共识"。分会会员对《星期日》的评价是:"在四川社会很生了许多的影响和成绩,算是四川学界有关系的

---

① 李劼人:《回忆少年中国学会成都分会之所由成立》,《李劼人选集》第5卷,第13页。

② 参看四川大学校史编写组编:《四川大学史稿》,四川大学出版社,1985年,第68—69页。

出版物。"①

《星期日》周刊于1919年7月13日创刊,1920年7月停刊,持续了整整一年,前后共出52期。成都分会书记李劼人担任了周刊的第一任编辑,1919年8月该刊出版至第7期之后,李劼人便赴法留学,改由孙少荆、穆济波等人负责编务。至1920年4月,出到第36期时,孙少荆等亦赴德留学。由于此时成都分会创始会员大都已经出国,周刊社也不断吸收了省立第一师范学校、成都外国语专门学校、留法预备学校、高师附小等成都各校学生加入,"一面负撰定文字的责任,一面做劳动的配送事情"。因此,该刊便不再作为成都分会的会刊,而是成立了由四十多名社员组成的周刊社,作为一个以刊物为发声平台和凝聚核心的知识青年社团独立运作。该刊发行至省内外多地,销量一度达到三千份以上,成为成都部分趋新青年宣介与践行社会改造思想的主要舆论阵地,为推动五四新文化社会改造思想在四川的落地,乃至四川新知识分子所秉持的革新思潮在全国范围内的传播与影响,起到了相当的作用,是五四时期四川地区较为知名的新文化刊物之一。②

《星期日》周刊发行至第26号时,编辑部曾专门刊文对自身的创办缘由、宗旨诉求等进行了详细阐释:"尔时世界的新潮止

---

① 《少年中国学会周年纪念册》,上海亚东图书馆,1920年,第17页。
② 《星期日》,中共中央马恩列斯著作编译局研究室编:《五四时期期刊介绍》(第一集·上册),生活·读书·新知三联书店,1978年,第280页。

从大西洋里飞也似的翻滚而来,在东亚大陆沿海的地方受了这一番震荡,都激越起无数波涛澎湃的声音。那雪练似的长江,仿佛成了渡越'世界新潮'的电线,竟自冲破了夔门——巫峡——滟滪堆的滩头,笔直的透到细流纵贯的成都,也微微发出一些儿声响,这便是《星期日》产生的原故。"那么,这份刊物的宗旨与诉求又是什么呢?文中继续写道:"从这宣言可以知道《星期日》的目的,是'光明的世界';《星期日》的希望,是'人人自觉';《星期日》的作用,便是'要人人自觉去创造这光明的世界,迎受这光明的世界'。从消极方面说,要使人摆脱眼前的拘束,快断送这贪污黑暗的老世界,与它脱离关系。"人人应当自觉的内容如何?——人生的究竟与世界的究竟。人人应该摆脱什么呢?——"(一)现世界里一切束缚的、阶级的、掠夺的、残酷的有形制度,无形学说、风俗习惯等等。(二)自己旧生活里一切不自由、不平等、不道德、不经济的种种日常生活精神生活。"于是,要实现《星期日》所期待的理想社会,便是要"从这黑暗世界里,促起人人的觉悟,解脱了眼前的一切束缚,根据着人生的究竟,创作人类公同享受的最高幸福的世界"。实践的途径也就是"自我的改造"与"社会的改造",具体方法便是"奋斗""牺牲"。① 不论是少年中国学会成都分会,还是《星期日》周刊社,所秉持的理念与方法其实与五四时期的大多数知识青年社团是非常相似的。

---

① 《〈星期日〉的过去与将来》(1920年1月),四川省委党史工委编:《五四运动在四川》,四川大学出版社,1989年,第334—336页。

大抵都不出自我德行修养与对社会旧习的改造这两端,主张言论虽然充满革新气味,但手段方法却是相对温和的,往往诉诸良心、道德、精神、知识、习惯等个体可以掌控与操作的要素。分会会员与该刊编者、作者多坚守"教育救国""实业救国""科学救国"的理路,并未走上践行社会革命理念的激烈道路,这与在五四时期完成了由"趋新青年"向"革命青年"转型的恽代英、萧楚女、邓中夏、杨贤江等早期共产主义者不同。后者在信仰意识与组织意识的觉醒过程中,纷纷从依靠良心作为建立与维系组织的依托,转向以"主义"作为巩固组织与动员青年的凭借。① 当然,在成千上万的"五四式"青年中,最终走向共产主义革命道路的毕竟还是少数,这既与社会整体范围、新生政治力量、地域环境等结构性要素相关,也与个人的关系网络、经济社会境遇、思想倾向与性格喜好等偶然性因素密切相关,在偶然性中孕育着必然性,在必然性中间杂着偶然性,并不能一概而论。

就现有存世的《星期日》周刊而言,其论域较为广泛,包含了女子解放问题、劳动问题、家庭问题、个人及团体自治问题、青年德行修养问题、学校教育改革问题、社会教育与风俗改造问题、军人与民众关系问题,甚至也涉及了对俄国十月革命后一些情

---

① 邓军:《从"良心"到"主义":恽代英与五四时期知识分子的社团组织困境》,《中共党史研究》2016年第4期,第69—78页。

形的介绍。① 这当中既有全国知识青年普遍关心的热点问题，也有地方性较强、涉及地方社会具体情形的议题。总而言之，该刊以批判旧传统、传播新思想为宗旨，与五四时期新文化期刊的主流趋向相近似。值得注意的是，《星期日》先后刊登了不少新文化运动中知名人物的特约专稿，如李大钊的《什么是新文学》、陈独秀的《男系制与遗产制》、高一涵的《言论自由问题》以及孙少荆对吴玉章的专访《访青年学者福音使者吴玉章先生》等，并全文转载了毛泽东发表在《湘江评论》上的《民众的大联合》一文。在诸多文章中最有社会冲击力的是吴虞的著名论文《吃人的礼教》《非孝》，它们首先发表在《星期日》的《社会问题号》上，而后《新青年》加以转载，既令吴虞名声大噪，也提升了《星期日》在全国新文化舆论界的名气。同时，《星期日》与其他新文化社团的联系也较紧密，既刊登过对浙江新潮社、工读互助团及本地外专校、省一师学生社团的专门介绍，也经常转载《新青年》《新潮》《少年中国》《湘江评论》等新文化刊物上的文章与消息，与省

---

① 通过一些不知名作者在刊物上先后发表的《自动说》（第 19 号）、《俄国革命后的觉悟》（第 19 号）、《意志与群力的价值》（第 20 号）、《我国青年的六大劲敌》（第 20 号）、《波尔雪勿党的教育计划》（第 21 号）、《改良旧家庭习惯的商榷》（第 21 号）、《天然淘汰与劳动的真精神》（第 22 号）、《社会问题与人类进化》（第 23 号）、《女子的革命运动》（第 24 号）等文章篇名就能感受到该刊思想言论的一般风貌；此外在《妇女问题号》《社会问题号》等专刊中，更集中讨论了女子剪发、婚姻自主、家庭伦理关系等青年最为关心的热点问题。参见《"星期日"目录》，中共中央马恩列斯著作编译局研究室编：《五四时期期刊介绍》（第一集·上册），第 773—778 页。

内外其他新文化社团及刊物等共同构成了互相呼应、资源共享、话题互通的同盟,也由此形成了供给全国知识青年新理念、新文化的"思想市场"。

再说到具体的人物,由于迄今仍未发现该分会创立后有扩展组织吸收新会员的记录,因此这里就只以最初的几位创始成员为分析对象。少年中国学会成都分会的会员基本为川籍知识青年(有个别会员虽为外省籍,但随父母长期寓居蓉城),与学会总会的创立者一样,他们加入学会的原因都是怀着对四川、对国家未来的担忧,以及对个人前途的迷茫与自我改变的渴求,致力于通过学会开展互助助人的活动以挽救时局。但是,关于怎样实现自我救赎与拯救国家民族,分会诸人各自在思想主张上还是潜藏着较大分歧的,只不过这种分歧被五四时期青年们对新文化一致的渴求和对各种改造理论混沌模糊的感受体会暂时所遮盖了。不过,我们从学会诸人后来在人生道路上的选择与实践中,可以看出其中存在的差异。从他们对五四新文化思想的态度,以及他们对政治时局的关怀来看,成都分会成员主要可分为三类。

第一类是以分会的创始人李劼人及孙少荆、何鲁之等为代表的积极派。李劼人生于四川成都,是中国现代具有世界影响的文学大师之一,也是中国现代重要的法国文学翻译家,知名社会活动家、实业家。五四时期,李劼人主要是通过新文学创作的形式借助报刊媒介积极宣传新思想、新文化。1918年4月28日,李劼人任主笔的《四川群报》被封,但是其作品已在成都乃至整个四川产生了较大影响,知名度与日俱增。成都早期报人孙少荆曾撰文称:"只要知道当时成都事情的人,哪个不晓得李老赖(李劼人)。"① 而作为吴虞学生的孙少荆受乃师影响,也是非常积极地投身于新文化运动的传播与普及中。1918年11月26日,孙少荆主动致信《新青年》编辑钱玄同:"《新青年》自出版到现在,我期期都读过的,里面的主张,我是极赞成。""《新青年》在四川成都的势力,现在要比去年好些。我们看这个报,也少听朋友骂了,——他虽不骂,却是不看,——有个朋友和我,现在也居然在这'城门主义'的成都市内用起白话来做东西,而且有时也拿来登在这里五秒钟的日报上,居然也能风平浪静了。不像前几年那样的思想专制,只准跟着现在几个吃饭的圣人贤人学先王之言,不许人有'人的主张'。这虽是时代精神的灵光,却是再造中国的《新青年》的大功了。所以我们和朋友说话,总劝他看看'做人的杂志'《新青年》,不要'人'还没有弄清楚,便去胡乱谈政治——法律——爱国——救国,恐怕不但误了社会——国家,恐怕连自己也误了。"② 而钱玄同也洋洋洒洒地认真回了信,将孙氏引为同道。这可以说是为数不多的四川文化界人士在京沪新文化主流媒体上发声的案例。后来孙少荆结束留欧返川后,

---

① 孙少荆:《一九一九年以前的成都报刊》(1919年1月1日),四川省政协、四川省志编辑委员会编印:《四川文史资料选辑》第8辑,1979年,第137—151页。

② 《孙少荆致钱玄同》,《新青年》5卷6期,1918年12月,第631—632页。

在蓉城对地方政治与公共事务也有主动地参与,不仅与卢作孚等人一起创办通俗民众教育馆,还担任过成都市政公所提调,最终于1927年不幸遇刺死于政治暗杀。① 李劼人之表亲何鲁之则较为积极地投身于政治活动,留法后与四川乡党李璜、曾琦等过从甚密,一起在法国发起成立了中国青年党,并长期担任中央执行委员,成为横跨政学两届的国家主义巨擘。②

第二类是以李思纯、周晓和、穆济波、李珩等为代表的分会成员,他们对五四新文化运动中的各个思想流派并没有非常明确的态度,对政治虽有一定的关怀,但是并不深切,参与度不高,他们大多数后来都投身于象牙塔中的教育文化事业,也在各自的位置上作出了一定的贡献。

第三类则是以彭举等为代表的分会成员,他们一开始就推崇国学、儒学等,对时局有所关注,但是并不关怀。彭举,四川崇庆县(今崇州市)人,曾在成都、重庆等教中学国文课,与恽代英、萧楚女、邓少琴等人的交往颇深,但是从他的研究成果来看他并不十分推崇五四新文化,他虽然也关心时事参加学会,但主要的精力还是在于国学研究,他精于宋明理学,有"蜀中大儒"

---

① 参看邱沛篁等编:《新闻传播百科全书》,四川人民出版社,1998年,第1648页。

② 参见刘国铭主编:《中国国民党百年人物全书》上册,团结出版社,2005年,第1119页;《介绍何鲁之教授》,《新中国日报》1947年11月21日,第4版。

之誉。①

有研究者认为,成都分会的会员们对于"主义"的态度基本一致,即搁置主义抉择与政治信仰相关的分歧,一致认为少年中国学会始终应该是一个研究学术的而非政治的社会团体,应当努力保持其学术性。在会员们后期的人生道路上,除了何鲁之投身国家主义阵营以外,其他人均与政治、政党保持了一定的距离。② 此说较为中肯,对于"五四"知识分子来说,参与社会公共事务的态度积极并不等同于愿意投身实际政治活动。③ 在彭云

---

① 杨健:《新发现〈彭举日记〉述略》,《荣宝斋》2016 年第 7 期,第 236—240 页。

② 张楠:《少年中国学会成都分会研究》,山西大学硕士学位论文,2016 年,第 37—38 页。

③ 可以佐证的是,在四川早期党团骨干分子的眼中,少年中国学会成都分会这样较为温和的新文化组织,并非社会改造之途上的同路人。如重庆地方青年团的实际负责人童庸生就曾提出:"在上海方面以为西南为民党区域,其实自少年中国学会投降杨森以后,四川大部已杨森化了,重庆、泸州、顺庆都是这样。"见《团重庆地委给团中央的信——关于加入国民党问题》(1924 年 1 月 13 日),《四川革命历史文件汇集》甲 1,第 150 页。此语当是指的卢作孚、孙少荆等"少中"力量与杨森等标"新"立异的川军军阀的短暂合作关系。不过,在学者看来,"少中"人际网络中这些温和改革派的人生路径,不过是彼时仍怀抱"天下士"情怀的趋新知识青年们"传承修齐治平的余绪,辗转于政学商各界、沿海与内陆之间,创造性地突破现代个人、社会、国家之间的藩篱,探索重新打通个体生命与国家兴亡、价值世界和现实生活之间新通道"的选择之一种。从整体入手抑或从局部入手救国救民,虽在近代中国一直存有分歧,但这些仅是实践层面着手方向上的差异,不应妨碍后人理解他们为弘新道孜孜以求的价值理想与实践追求。参见王果:《存天下于一方:卢作孚的人生格局与济世道路》,罗志田等编:《地方的近代史州县士庶的思想与生活》,社会科学文献出版社,2015 年,第 368 页。

生、李晓舫、段调元、周晓和等成都分会会员提交给少年中国学会总会的提案中,即强调"会员以后无论有何机会,不许与政党生关系",在他们眼中,学会的目标应当是"造成一种学风,一方面可以维系本会会员,一方面可以改进社会,建设少年中国"。①

值得一叙的是,此时声名鹊起的吴虞对《星期日》周刊的编辑出版也出力颇多。前文已述吴虞曾申请加入少年中国学会成都分会,因年龄过大而未成,不过他与初期作为该会会刊的《星期日》及相关编辑人员可谓联系密切,不仅积极为之写稿,参与编辑事务,还在日记中多次提及代为宣传推销该刊的情形。首先,吴虞充分利用自己在知识文化界构建的人际圈子扩大刊物影响,常将新出版的杂志分寄给柳亚子、高一涵、康白情、朱谦之等国内新文化名流。如1919年7月14日,他便将《星期日》周刊创刊号通过在京的堂弟吴君毅分送给北京的新文化界诸同人。十多天后,"又外寄《星期日》四张,嘱交胡适之。《新青年》现由适之经理也"。高一涵收到刊物读后来函答谢,令吴虞甚为高兴:"《星期日》已收到,读了欢喜了不得,我们的同志越发多了,不怕孤掌难鸣了。"不久之后,吴君毅亦来信称"《星期日》已转致胡适之"。即使在成都本地,吴虞也将刊物广为散发,1919年底即给同在成都且过从甚密的老同盟会员吴玉章送去数张,"午饭后作函约吴玉章下周星三午后一时过外校讲演,并《星期

---

① 《成都分会提案》,《少年中国》第3卷第2期,1921年9月1日,第43页。

日》五张，令人送去"。1920年1月15日日记又载："交《星期日》二张带回新繁送吴六庄。"①吴六庄是吴虞的族侄，此时在家乡新繁担任小学校长，好读新文化报刊，在思想上深受吴虞的影响。

吴虞的努力并没有白费，他替《星期日》拓展了不少稿源，诸多省外名家开始纷纷往这份开办不久的地方性报刊寄送稿件："少荆来信言，陈独秀、李大钊、王光祈稿已来，胡适之、潘力山、张东荪、康白情亦有稿寄来，请予撰一稿，否则本社无一篇镇纸文字，必使远地阅者轻视。予乃检阅书箱，引用如《孝经》、《论语》、《孟子》、《礼记》、《大戴礼》、《释名》、《前、后汉书》……，作《说孝》一篇。"刊物因为获得新文化名家的"加持"，影响也愈发扩大。从吴虞日记中观察，《星期日》周刊获得的社会反响似乎很不错："杨适夷曾索观《星期日》，极为叹美。""少荆来言，八期《星期日》颇卖得。文光言，刘子立最怕《星期日》。""饭后，少荆来，言农工商部有信来与《星期日》交换。"②于此可见，这份创办时间并不长的周刊已在一定程度上获得了全国性的声誉。

其次，吴虞也深度参与了《星期日》的编辑事务。刊物出版不久，也许是为了扩大影响，"李劼人、李哲生、穆济波、胡少襄、何鲁之、曾孝谷、少荆及予，以《星期日》名义公请，席银七元五角"。不久之后，"少荆来函，约午后五钟议《星期日》编辑"。数

---

① 《吴虞日记》上册，第472、476、481、484、511、516页。
② 《吴虞日记》上册，第510、483、484页。

月之后的1920年3月17日,因李劼人、孙少荆等骨干相率出洋,吴虞更是被社中人推选担任常任编辑:"少顷《星期日》开会议,推予为常任编辑,每星四必到。穆济波为协任编辑,陈岳安经理,罗少愚书记,周弗陵会计,以少愚处为社俱乐地,书报由其掌管。"吴虞比较积极地给《星期日》提供稿件,不仅有《说图书馆》《成都的女学》《太极图新说》等文,更有《吃人的礼教》等传世名篇。其堂弟吴君毅深恐吴虞因言招祸,曾来信劝诫:"又言四川武力专制,恐无言论之自由。闻《星期日》出版,不禁一喜一惧,愿吾兄善处乱世,不可于于放言高论也。"不过,吴虞还是因在该刊上发表的文字以及热心社务而给自己招来了麻烦:"同学章谈,学章云,近来骂予者复多,诸事皆以予为主使,盖受《星期日》之影响也。其实,予于《星期日》自九号以后即无文字,诸事皆由少荆、济波主持,骂予者殆未之考耳。"同时,吴虞等报社同人甚至因言论"过激"而屡受他人控告:"王叔驹来函,言张重民决意向法庭提起诉讼,告《星期日》同人。"1920年2月5日,吴玉章告诉他:"有人在军署告星期日社诸人为过激党,军署中人以为笑话置之。"这不禁令吴虞万分感慨:"一般社会人心之险诈则殊可悲也。"五天后,又获得了同样的信息:"玉章今日言,有人在卫戍司令告予及夏斧私、孙少荆、穆济波为过激党,真可笑也。"[①] 当然,这也从侧面证明了《星期日》周刊在地方上的传播效果,以及其革新言论对地方传统势力的冲击程度。

---

① 《吴虞日记》上册,第475、478、530、502、492、522页。

如上所述，少年中国学会成都分会诸人及其身边的趋新青年们，通过主动对新文化浪潮中较为温和的社会革新思潮的接受、迎合、附和、传播与再生产，尤其是竞相投入"五四"后旅欧俭学的热潮中，最终从地方舞台中走了出去，获取了更多的文化资本，回国后纷纷各施所长，在教育出版与思想文化界站稳了脚跟，努力实践了自己的社会理想与人生价值，书写了"后五四时期"新知识分子的别样人生。当然，少年中国学会成都分会这批知识青年的家境本身并不算差，尤其是出国前在人脉关系、物质资源与知识理念等各方面已经有了一定的积累，这也是保证他们能安心求学，顺利完成学业目标，不至于半途中辍或卷入更为激进的社会运动中去的重要保障。那么，相比他们更为年轻、资源更为匮乏，或处于更为底层位置上的那批知识青年，不少人在"五四"大潮中选择接受了更显激进的思想观念与价值体系，最终也在各种因素影响下作出了更为激烈与刚性的人生抉择。后文便将尝试对后一种情形稍作阐释与呈现。

第三章 时代思潮的地方面相:"五四"前后四川趋新青年的个人生命史考察

本章重点选取袁诗荛、邹进贤、巴金等若干位留下了较为丰富的个人材料的川籍知识青年作为案例,探讨他们在民国初年的四川这个地域空间舞台上所经历的人生际遇,所经受的各方面政治、社会与思想文化影响,所作出的道路选择,以从中观察体会那一代意图改造社会与自身命运,并选择了更为激烈的革新道路,同时也更为年轻的知识青年的个人生命史,并将这种个人生命史的演变与大时代的外在语境结合起来思量。

第一节 民国地方知识青年的人生样态与生存空间

若是考察上述这几位知识青年的出生与出身,可知他们都是出生于1900年前后,经历过五四浪潮的洗礼与时代思潮巨变的冲击。他们的家庭背景都不算是大富大贵的上层精英,要么是普通农家子弟,要么便是出身于城市中逐渐衰颓的中产家庭。当然,他们的家庭经济社会背景也不算是处于社会最底层,否则根本无法支撑他们至少是中等学校及以上的受教育经历。在闽西龙岩完成了中等教育阶段学习历程的寒门子弟邓子恢就观察到:"无钱和无有势力的子弟,很难受中等教育","这班青年的父母,在家族中总有点势力"。① 1930年春,毛泽东在江西寻乌县调研时也认为,从老税户(通常指土地较多的大中地主——引者注)分家析产而来的小地主家庭送子弟念书都比较积极,"小地主子弟进初等小学是全部,进高等小学也几乎是全部,至少十家有八家,进中学的亦十家有三家。这个阶级接受新文化的形势是比哪一个阶级要快要普及"。由于这个阶层日趋下坠的经济地位及紊乱逼仄的社会政治环境压迫,其中便诞生了不少的革命者,"他们革命的要求在初期革命运动中却表现很迫切,革命的活动亦很猛进"。② 民国时期的一般乡村社会,农村普通家庭勉强只能负担高小层次的教育支出。至于中学及以上层次教育、远赴外地求学的费用,一般高达数百元,即便是对于中等收入的家庭而言,也是一笔不菲的开支。有学者即估算到,以华中地区而论,至1930年代"家有良田卅亩,才能供给两个子弟进小学。迨至民国廿四年(即1935年——引者注),有五十亩地,才

---

① 《离婚问题》(1923年9月1日),原载《岩声》第1期,蒋伯英主编:《邓子恢闽西文稿(1916—1956)》,中共党史出版社,2016年,第53页。
② 《寻乌调查》(1930年5月),《毛泽东农村调查文集》,人民出版社,1982年,第127页。

能供给一个子弟进高小(民国廿四年前后除省会以外,乡镇设有初级小学,高等小学仅设在城市,乡下子弟进城读高小,非同小可),两顷(两百亩)以上的户,只可供给一个子弟进初中。卅年代在上海念大学,平均每年约五百元"。① 在民国知名教育家舒新城的记忆中,清末刚开始兴办新学堂时,各地新式教育机构的昂贵收费标准,就相当于给自己挂上了"学堂重地、无钱免入"的牌子,那时位于湖南省城长沙的西路学堂,每学期共需缴膳宿杂费五十余元,"在富厚之家固然是不成问题,可是每年百余元的用费,我家是决不能负担的,所以到了将要开学的时候,我独自一人返家"。② 因此,在近代中国能支撑自家子弟接受中等学校及以上教育者,多半都非普通农户家庭。

虽然上述这些知识青年都并非出身于绝对贫寒家庭,但其父辈也说不上是有权有势的地方强人,基本上是属于温饱有余的普通城市中产抑或富裕乡绅及自耕农家庭。但在那个社会动荡,兵匪横行,且阶层变化剧烈的时代,无论是他们的家庭还是这些青年人自身,都缺乏顺畅的上升通道,甚至来自农村地区者还因为受到泛滥成灾的兵匪动乱威胁,而随时可能陷于破产一途。即使是川内少数几座较大城市的面貌,相比之下也是相当衰败落后的,现代化产业的严重匮乏,致使孱弱不堪的经济领域

---

① 汪一驹著,梅寅生译:《中国知识分子与西方:留学生与近代中国(1872—1949)》,枫城出版社,1978年,第156—157页。
② 舒新城著,文明国编:《舒新城自述》,安徽文艺出版社,2013年,第61页。

根本提供不了多少职业空间,"旧成都是极贫穷落后的。电灯不明,马路不平,烟管、赌场、娼妓到处都是,军警、袍哥恣意逞横,乱象、脏象不胜枚举,没有工业,只有薄弱的小手工业,几家洋广杂货店也资本不多,有了上万元资金的就算是富户了"。① 他们虽然接受了中等乃至高等教育,在绝对文盲率极高的旧社会属于知识精英阶层,传统"士人"的身份认同印迹尚未完全消退,但是在秩序紊乱的民国,他们仍然是处于整个社会的边缘地带,除了依附于军阀政客强人外,几乎没有其他任何可靠的出路。

例如,在堪称富庶的川东南内江区域,民国初年当地知识青年所面对的政治社会情形,在时人的描述中是一片暮气沉沉与毫无希望的,呈现出阶层板结、资源向权势阶层集中的局面,文化教育的死板与社会环境的压迫合力制约着青年们的活动空间:"地方青年,大半虚浮脆弱,稍有资产的,成群结党,日事嫖赌,就是读书,也是挂衔;无资产者,间有做事(或读书)勤快的,是地方风俗太恶,好人难容,设不和那恶浊绅粮、武力军阀通通声气,简直没有插足地。所以一般青年,未到社会活动以前还有些骨气,一到社会无不趋炎附势,寡廉鲜耻。因为青年所受的教育,不过死板板的教科书,哪能够在社会上独立生活?所以生活不能确定,只要可以生活的地方,无不趋向,那么军阀、政客、资

---

① 苏法成:《关于〈新川报〉的一些情况》,收于成都市报刊志编纂委员会编:《成都报刊史料专辑》1985 年第 1 期,第 34—35 页。

本家的走卒,莫非青年。这就是地方青年的生活。"① 当时四川的首善之区成都也莫不如此,"成都战争之后,各机关被政府大批更换,毕业生而信徒者,不易为之谋寄顿处"。② 每一场战事发生以后,都会影响到地方上唯一能容纳大量知识分子的教育机构、行政事业机构的大换血与人事动荡。如 1924 年初所谓的"靖川之役"完结后,同盟会-国民党系军阀熊克武、但懋辛、余际唐等被逐出四川,"自熊、但败北,四川内部分裂,杨森据成都,邓锡侯、刘湘、袁祖铭、刘存厚据重庆,赖心辉据隆内,刘自乾据叙府,陈福五据嘉定,刘禹九据川边,各自为政,势均力敌。杨森督理军务,邓锡侯督理民政。邓初下车,尚未见其优劣。杨则自登台后,气焰嚣张,专横武断,日以改良市政、整理教育为粉饰之工具,而实则收买枪弹,招抚匪人,徒以扩张势力。所谓教育不过半生半死一通俗教育馆,所谓市政改良,不过筑了几条马路,限制运粪时间。其实杨不过一木偶,乃包围之南北京学生主持一切,署内有秘书连、参谋连、差遣营,终日如归市然。他们(各军阀首领)终日遑遑对付各方面之不暇,所谓政治毫无起色"。③ 这段描述生动地呈现了当时自外地京、沪等处归来的所谓新学

---

① 《内江劳动界和青年的生活状况及内江团的工作计划》(1923 年 6 月),《四川革命历史文件汇集》甲 1,第 124 页。
② 《王右木致团中央负责人的信——关于成、渝、川北团的筹建情况》(1922 年 10 月 11 日),《四川革命历史文件汇集》甲 1,第 10 页。
③ 《张霁帆给团中央的信——关于四川团的工作和各阶层状况》(1924 年),《四川革命历史文件汇集》甲 1,第 178 页。

生们能够攀附上的一点"进身之阶"。1923年夏,就读于北京法政专门学校的川籍青年苏法成离京回蓉,他的同学李心白正在军阀杨森出资办的四川日报社任社长,他便受李之聘请去该报社担任了总编辑;与此同时,苏还在杨森的督理署任秘书和在成都政法专门学校教书。苏的经历较为典型地折射了当时受过高等教育的知识青年走出校门后的主要出路:办报、任教与给当权者担任文秘工作。①

不过,若是换一种视角来看,有学者便认为,道统失坠的社会空间虽使得饱读诗书且有功名傍身的传统知识精英日渐式微,但却为1900年之后诞生的一代代大中学生提供了新的可能性及与政治社会重新接榫的舞台,"五四运动更使社会各界注意到学生力量的重要,京沪新闻出版界立即开始大量启用大学生,各政党则同时注意在中学生中发展力量。……边缘知识分子无疑已渐成中国政治力量的主力军"。上述苏法成的故事,以及成长于后经典时代的众多川中读书人的人生历程,或许在在证明了此点。当然,正常的上升空间仍然是相当仄狭隘的。虽然转型时代的读书人可以通过与报刊传媒、新式学校、新式社团、出版机构等现代知识生产传播建制,以及政军派系和民间武力的连结获得若干出路,但能够摆脱"边缘"位置进入权力中心的,毕竟只能是极少数人。"本来边缘知识分子因在社会变动中上

---

① 苏法成:《关于〈新川报〉的一些情况》,收于成都市报刊志编纂委员会编:《成都报刊史料专辑》1985年第1期,第33—34页。

升的困难,就更迫切需要寄托于一种高远的理想,以成为社会上某种更大的事业的一部分,所以他们对社会政治等的参与感要比其他许多社会群体更强。"①多数处于社会中下层的读书人,只有通过努力与追求整全性革新之途的政治力量建立起链接,融入到一片全新的社会改造浪潮中,或许才能真正实现拯救自身与家国的双重诉求。② 在五四新文化运动浪潮的冲击下,袁诗荛、邹进贤等出生于1900年前后的年轻知识分子,正处在心理敏感、渴求变化与价值观塑造的关键阶段,外在的环境与内在的性格都会影响到他们的人生抉择;正是在这样的彷徨中,他们努力寻求着自己的生命出路,他们的经历或许恰能反映后经典时代的那一代读书人在时代大潮与地域社会文化双重形塑下的命运抉择。

第二节 激进青年的时代回应:袁诗荛、巴金等与《半月报》群体

1920年7月至次年7、8月间,在一年左右的时间里,成都曾短暂存在过一个面向学生与知识青年的小众刊物,名叫《半月

---

① 罗志田:《近代中国社会权势的转移:知识分子的边缘化与边缘知识分子的兴起》,《开放时代》1999年第4期,第22页。

② 可参看许纪霖:《五四知识分子通向列宁主义之路(1919—1921)》,《清华大学学报(哲学社会科学版)》2020年第5期;《从疑到信:五四两代知识分子的精神世界》,《天津社会科学》2020年第5期。

报》,这是以当时来自成都高等师范学校、成都外国语专门学校等校的几名学生及个别刚从学校肄业的知识青年为核心创办的同人刊物,无政府主义色彩一度相当浓厚。① 在后来参与其中的核心人物里,便有来自川东盐亭县的进步青年袁诗荛。他本名袁首群,出生于1897年。诗荛生于农家,家境贫寒,学业时断时续,后曾在免学费与膳宿费的遂宁省立第三师范学校学习,深受来自川南的进步教师孙炳文的影响。1917年,二十岁的袁诗荛以优异成绩考入国立成都高等师范学校。在文化资源较为丰富的省城,他开始接受新思潮的影响,开阔了眼界,成为学生自治活动中的积极分子。

1919年5月,五四运动卷起的浪潮渐次从北京冲击到成都,李劼人任编辑的成都《川报》在信息的传递方面起了关键性的作用,5月7日在川内首次将相关消息以"简讯"方式刊出,因为讯息过于简单而没有引起什么大的波澜。到了5月16日,"王光祈的五四夜里所写的长篇通信到了。我们赶快把重要句子勾出,用三五号字发表了,并在他通信前后做了很多含有刺激性的标题,和一长篇按语,把这运动渲染得更为有声有色。这一

---

① 1920年夏,来希宋、张拾遗、吴先忧等知识青年共同筹组半月社,向警厅申请立案获准,至1921年7、8月间,被省会军事警察厅以"案照本厅迭奉军民两署命令,严行查禁无政府的各种散布物品,本月十六日查有《半月报》二十四号出版,载有无社宣言,自应遵令禁止,以维治安"的理由加以查禁,正式下文查封,命令该刊"永禁发行",前后刚好大约一年时间。参见《警厅复〈半月报〉函(1921年8月30日)》,原件存于成都市档案馆,转引自中共四川省委党史工委编:《五四运动在四川》,四川大学出版社,1989年,第473页。

来,王光祈的关于五四运动的通信,在成都许多人——尤其是前进的含有革命性的知识分子的脑子中,真无异投下了一颗大的爆炸弹!"① 这则登载在《川报》5月17日头版头条的来自北京的长篇通信,当天就在成都各界激起了极大的怒涛。素有救国热情的成都学生界首先起来响应北京学生,成都五四救亡运动的浪潮源头,就发端于成都高等师范学校。据川大校史记载,在17日当天早上的高师校园,学生们正在食堂早膳,国文部二年级学生袁首群(即袁诗荛)拿着报纸大步登上饭桌,高声朗读,通讯刚读完,学生们已怒不可遏,立即群起响应。② 很快,高师至公堂广场上"不期而聚集了各校学生数千人,个个义愤填膺,一致商讨对策,立即展开游行示威",并迅即通电全省各县、联络各校救国会等爱国组织,成立了"学界外交后援会"。22(或23)日,成都高师全体学生向北京政府方面拍发了电报,要求惩办卖国贼与释放被捕学生:"青岛卖,中国亡;曹章死,天下生。请及时力争国权,释放学生,慰留辞职各校长,杀国贼以谢天下,大事可为。若必倒行逆施,则恐予汝偕亡。"③ 这也是至今能查到的四川学生最早就五四运动向北京拍发的公开通电。至当月28日、30日,以高师学生张秀熟、袁诗荛为代表的四川学界外交后援

---

① 李劼人:《五四追忆王光祈》,中共四川省委党史工委编:《五四运动在四川》,四川大学出版社,1989年,第659—660页。

② 四川大学校史编写组编:《四川大学史稿》,四川大学出版社,1985年,第60页。

③ 《高师学生之义愤》,《国民公报》1919年5月24日,第3版。

会与各界代表百余人,召开了两次国民大会筹备会,公推蔡大愚为临时主席。①

成都各界的救亡运动,就此热烈澎湃地开展了起来。而在同学中素有威信的袁诗荛,积极投身于这场运动,很快便成为学生群体中的领袖骨干。当年7月17日,四川学界外交后援会经全国学联批准,更名为"四川学生联合会",加入了全国学联,由张秀熟、袁诗荛分任正副理事长。在省学联的领导下,爱国学生运动组织化、制度化,一些调子激进的白话刊物,如《四川学生潮》等也创办起来,将诸多冲击旧秩序的新思想、新观念引入了巴蜀大地。② 在省学联工作期间,袁、张二人分工合作,凡是对外的宣传演讲,群众队伍的调动指挥,主要由袁诗荛负责。他在斗争中获得了充分的锻炼。因为时代的局限,袁和那时的许多年轻人一样,一方面对俄国十月革命感兴趣,但对马列主义实在了解有限,另一方面"无政府主义在四川的旗鼓,却相当热闹","它的表面似乎很彻底的主张确也可以使他心醉,因而他在一个时期就成为一个无政府主义的成员了"。③ 许多革命者都经历

---

① 苏树新:《中国社会主义青年团成都地方团的几个问题》,中共成都市委党史研究室编印:《中共成都地方历史资料选编》第1辑,2004年,第110—111页。

② 参看中共盐亭县委党史办:《袁诗荛》,中共四川省委党史研究室编:《四川党史人物传》第2卷,四川人民出版社,2016年,第60—65页;张秀熟:《五四运动在四川》,《四川大学学报(哲学社会科学版)》1979年第1期。

③ 张秀熟:《在不断斗争中成长——记袁诗荛烈士》,四川省政协文史委编:《四川文史资料选辑》第26辑,四川人民出版社,1982年,第117—118页。

过类似的情形。正如论者所述,无政府主义在五四新文化时期的影响与传播力一度甚为强劲,"甚至超过了马克思、列宁的科学社会主义和基尔特社会主义,在这三家社会主义中可以说是独占鳌头"。① 此时的中国,无政府主义与科学社会主义一样的流行,而且很多时候是杂糅在一起,难以辨别的。例如在江津青年聂荣臻的印象中,流传于舆论场的各种思想"各有各的主张,无政府主义,社会民主主义(即改良主义),也夹杂其间。尤其是无政府主义,当时在青年中的影响比较大,……所以当时的社会主义宣传没有对我发生很大的影响"②。毛泽东1918年秋冬在北京大学时,经常同北大学生朱谦之讨论无政府主义和它在中国的前景。他于1919年7月在《湘江评论》上发表的名为《民众的大联合》中,也体现了一些无政府主义的思想痕迹。③ 1920年12月25日,袁诗尧曾与四川革命先驱王右木等一起向四川省会军事警察厅呈请创刊《新四川》,因该刊每十日出版一次,又称《新四川旬报》,以研究学术,改进社会,建设新四川为宗旨,"一面向社会指导建设途径,一面为防包办与利用起见,亦曾铁面无

---

① 徐善广、柳剑平:《中国无政府主义史》,湖北人民出版社,1989年,"序言",第2页。
② 聂荣臻:《聂荣臻回忆录》,解放军出版社,2007年,第8页。
③ 中共中央文献研究室编:《毛泽东年谱》,人民出版社、中央文献出版社,1993年,第39、43页。

私,痛下攻讦"。① 这份刊物以批判社会黑暗现象为宗旨,不过当时的王右木也并非立场鲜明的马克思主义者,而是在转变过程中,他在之前留日学习时也接触过一些无政府主义书刊②,所以这与之后袁诗荛一度倾向于无政府主义思潮并不矛盾。受各种内外因素的影响,1921年夏从高师毕业前,袁诗荛一度成为无政府主义的信奉者,这样便与倾向无政府主义思想宣传的半月报社诸人产生了交集。

1920年8月1日,主要由成都外国语专门学校学生吴先忧、来希宋、张拾怡(遗)等人领衔发起的《半月报》正式创刊。在此之前,报社同人在呈送四川省会军事警察厅申请立案的呈文中如此表述自己的办刊意图:"窃以阐扬文化,本学术之精神,改良社会,亦教育之辅助,代表言论,载在法律,箴规社会,责属国民。同人等叹人心之日偷,社会之不良,爰组一'半月报'社以改良社会,促进文化为宗旨。"③ 其实这与当时大多数新文化报刊宣示的宗旨类似,可视作时代思潮在地方场域中的回响。在创刊号上,《半月报》同人郑重地向世人宣告:"吾人生此时代,世界仁爱

---

① 《本报创刊缘起》,原载《人声》1922年2月7日,收于江油市委党史研究室编:《四川马克思主义运动先驱者——纪念王右木诞生一百周年》,四川大学出版社,1988年,第150页。

② 参见江油市委王右木研究课题组编著:《先驱·先路:王右木与四川早期马克思主义运动研究》,社会科学文献出版社,2021年,第58—62页。

③ 《来希宋等组〈半月报〉社呈请立案备查》,原件存于成都市档案馆,转引自中共四川省委党史工委编:《五四运动在四川》,四川大学出版社,1989年,第344页。

正义的光,已在这几千年进化路上的前端闪着了(原文如此——引者注);回头细算,从相杀相害的时候进化到仁爱互助,这中间种种污秽恶毒的历史,翻开一看,可羞呵!可怕呵!但是我们绝不要寒心,须知世界并不是永久污辱的世界,乃是正在改造的世界。这改造的责任,是凡人类都有一分的。不过有许多可怜的弟兄,还不大觉悟,所以我们才组织这报,要使多数人觉悟现今的世界,是个什么世界,知道现今世界,还有许多问题都应着手改造。那时大家都各人出来,负点责任。这改造的事,或者容易实现了!"① 随着《半月报》影响日益扩大,成都高师的激进学生袁诗荛、刘砚僧等相继加入,成为该刊后期的重要撰稿人。《半月刊》主要创办人和撰稿人共约有九人,就是吴先忧、袁诗荛、李芾甘(巴金)、何又涵、刘砚僧、来希宋、舒君实、张拾怡、沈若仙(此外,还有一位章戡初,他的住所在该刊第九号以后被作为了通信处)。另又有两位曾经参与其中的新女性,就是在成都爱国学生运动中冲在前列的陈竹影与秦德君,都是当时知名的反封建运动小将。《半月报》的产生,恰与当时在全国乃至四川汹涌澎湃传播的无政府主义浪潮紧密相关。有学者在考察后得出结论:据不完全统计,1919年下半年至1923年底,四川各地先后建立的无政府共产主义组织有二十多个,先后创办刊物十多种。一时间,无政府共产主义思潮在四川盛行开来,可谓风起云涌。在重庆有适社、平平学会、人声社等,在成都有悟社、直觉社、均

---

① 《本社宣言》,《半月报》第1期,1920年8月1日,第2页。

社、平社等,达县亦有益社、适社等,泸县有明社、红社,在合江有无社、觉社等。①

值得注意的是,著名作家巴金在自己的文学作品和回忆录中留下了不少关于《半月报》的记录,这既与他后来以笔耕为生且得享高寿有关,也证明这段经历给他终生留下了深刻的印象。巴金出生于一个世代做官、数世同堂的典型旧式大家庭里,传统礼教构造出了一个封闭的既定的生活秩序,"像钟摆一样日复一日原地运动"②。日渐成长的少年巴金目睹了旧式大家庭中的种种虚伪不堪之事实,对既有秩序的反叛之心日盛,这在某种程度上也决定了他后来的种种人生选择。

当五四新文化浪潮波及成都时,巴金只是一个十多岁的少年,但是聪明早慧的他在这场运动中受到了极大的锤炼与塑造,其影响甚至持续伴随一生。他常自称是"五四"的产儿,五四运动恰像一声春雷把他从懵懂中惊醒了:"我睁开了眼睛,开始看到了一个崭新的世界。五四运动发生的时候,报纸上如火如荼的记载,甚至在我们的表面上平静的家庭生活里敲起了警钟。大哥的被忘记了的青春也给唤醒了。"新的浪潮冲击着这个极重礼仪秩序的大家庭,十五岁的巴金也跟着兄长们一起如痴如醉地读着本地报纸上关于京沪学生运动的通讯报道,以及转载的

---

① 宋键、戴忠东:《从无政府共产主义到马克思主义——建党时期四川青年知识分子的心路历程》,中共一大会址纪念馆编:《中国共产党创建史研究》,上海人民出版社,2012年,第524页。

② 陈丹晨:《巴金全传》,中国青年出版社,2003年,第4—5页。

《新青年》《每周评论》等新文化刊物上的文章。"这些文章使我们的心非常激动。我们觉得它们常常在说我们想说而又不会说的话。于是大哥找到了本城唯一代售新书报的那家书铺(即华阳书报流通处——引者注),在那里买了一本《新青年》和两三份《每周评论》。我们很兴奋地读着它们。那里面的每个字都象火花一般地点燃了我们的热情。那些新奇的议论和热烈的文句带着一种不可抗拒的力量压倒了我们三个,后来更说服了香表哥,甚至还说服了六姐,她另外订阅了一份《新青年》。"

新文化新思潮的魔力着实征服了如此向往外部世界的巴金等人,即使是偏僻如成都的"思想市场"上,也提供着全新的文化观念产品,如潮水一般冲击拍打着这些趋新青年的心门。五四学生爱国运动浪潮的席卷,既冲击着旧有的一切,也推动着蜀中各地的知识青年以新的方式结合起来,四川学生联合会、四川学界外交后援会、国民大会演讲团、成都印刷界劳工互助团、成都劳工联合会等各类倡新求变的进步社团纷纷创建。① 旧的文化范式与思想行为模式在时代大潮中受到激烈的冲击。成都的报刊界,不论是此前已持续出版的商业性、大众性日报,如《国民公报》《川报》等,还是定期或不定期出版的同人期刊《星期日》《威克烈》《直觉》《新空气》等,都在积极宣传蕴藏着民主和科学的新理念,抨击压迫人性的旧礼教,宣传妇女解放,提倡白话文和新

---

① 中共四川省委党史研究室编:《中国共产党四川历史大事记(民主革命时期)》,四川大学出版社,1997年,第4—16页。

文学。特别是前述少年中国学会成都分会创办的《星期日》,连续刊登了李大钊的《什么是新文学》、陈独秀的《男子制与遗产制》、吴虞的《说孝》、高一涵的《言论自由》等特约专稿,以及转载《湘江评论》上发表的毛泽东的《论民众的大联合》等革新文论。《星期日》第 24 号载文颂扬社会主义"是我们人类的福音"。《国民公报》也先后发表了《布尔什维主义之解释》《马尔克(即马克思)小传》《劳农俄国的艺术》等文章。四川学生联合会还于1920年 5 月创刊了言论激烈的机关报《四川学生潮》。① 因此,在巴金的回忆中,那就是一个充满着新奇要素与外来刺激的时期,新世界的窗口在他们的面前徐徐展开:"《新青年》、《新潮》、《每周评论》、《星期评论》、《少年中国》、《少年世界》、《北京大学学生周刊》……等等都接连地到了我们的手里。"在成都出版的本地新刊物《星期日》《四川学生潮》《威克烈》等等也引起了少年巴金们的注意,"《威克烈》就是'外专'学生办的,那时香表哥还在'外专'读书。大哥设法买全了《新青年》的前五卷。后来他甚至预先存了一两百块钱在华阳书报流通处,每天都要去那里取一些新到的书报回来(大哥工作的地点离那个书铺极近)。当时在成都新的书报很受欢迎,常常供不应求"。

在各种新潮流的冲击下,巴金与家中兄姐组织起了研究会,一起研讨当时舆论涉及的各种新鲜而时髦的问题,并逐渐接受

---

① 何一民:《成都通史》第 7 册,四川人民出版社,2011 年,第 29 页;温贤美、邓寿明:《五四运动与四川建党》,四川人民出版社,1985 年,第 41—42 页。

了在当时青年中很有市场的无政府主义思想:"每天晚上我们总要抽出一些时间轮流地读这些书报,连通讯栏也不肯轻易放过。有时我们三弟兄,再加上香表哥和六姐,我们聚在一起讨论这些新书报中所论及的各种问题。后来我们五个人又组织了一个研究会。当时他们还把我看作一个小孩,却料不到我比他们更进一步,接受了更激进的思想,用白话写文章,参加社会运动,结识新的朋友。"这些朋友多是倾向无政府主义的,主张打破一切权威、铲除一切不平等的激进社会革命,巴金"和这些朋友第一次在成都大街上散布了纪念五一节鼓吹'社会草命'的传单(这个'草'字是传单上印错了的)"。

不久以后,巴金进入四川外国语专门学校学习,在这里他读到了《半月报》上刊登的《适社的意趣和大纲》①,对上面所阐释的见解很是倾心,于是便写信给编辑部,从而受邀会面谈话。不久之后,巴金就加入了半月社,成为该刊中后期非常活跃的会员,在这里他认识了吴先忧、袁诗荛、施居甫、舒君实、刘砚僧等青年学生,并一起组织无政府主义小团体"均社",均社在宣言中

---

① 适社在团体大纲中批评了"现在最流行的思想:有什么'德莫克拉西'(Democracy),'布尔雪维克'(Bolshevik),'苏雪儿'(Social)……,一切好听底主义"。他们主张"单刀直入、奋勇前进,'铲除统治权力','灭绝经济制度';'建设互助—博爱—平等—自由底世界'!"对于"兽性太深""万恶不赦"的军阀-资本家,要"诛尽杀绝",号召青年组织"劳工团""天讨军",实行大破坏和大建设。这样激烈的主张,在当时的无政府主义社团中并不罕见,颇为典型地反映了渴望彻底打破旧制度的部分新青年思想之激进。参见《适社的意趣和大纲》,《半月报》第 14 号,1921 年 2 月 20 日。

声称自己的最终目标是建立一个无强权、无国家、无政治、无法律、无武力、无私产、无宗教、智能均等的社会。① 巴金回忆道："我并不是那个刊物的创办人。大约在刊物出到八九期的时候，我写了一封信到刊物编辑部去。他们回了信，一位编辑又来找我谈话。我便和他们做了朋友。他们邀请我参加刊物的工作，后来我就做了编辑。"② 此时的巴金好似真正回归了温暖的"家庭"，他像对待自己的初恋一样投入了这个团体的所有工作，每日都过着紧张活泼且充满了希望的生活。这些年轻的、朝气蓬勃的、充满献身精神的青年人，每个人凭借自己的能力、贡献与威信在这个"家庭"里占有自己的位置。这个团体有一个不成文的规定，不抽烟、不喝酒、不坐轿子，人人都得靠劳动换取生存的权利。③ 多年以后，巴金曾在回忆中充满感情地描述了这段短暂而充实的时光："《半月》是一种公开的刊物，社员比较多而复杂。但主持的仍是我们几个人。白天我们中间有的人要上学，有的人要做事，夜晚我们才有空聚在一起。每天晚上我总要走过几条黑暗的街巷到'半月社'去，那是在一个商场的楼上。我们四五个人到了那里就忙着卸下铺板，打扫房间，回答一些读者的信件，办理种种的杂事，等候那些来借阅书报的人，因为我们

---

① 《均社宣言》，《半月报》第 21 期，1921 年 6 月 1 日，第 9—13 页。
② 《觉醒与活动》，《巴金选集》第 10 卷，四川人民出版社，1982 年，第 66—67 页。
③ 邱沛篁等：《巴金与四川大学》，四川大学出版社，2015 年，第 96—97 页。

预备了一批新书报免费借给读者。我们期待着忙碌的生活,宁愿忙得透不过气来。共同的牺牲的渴望把我们大家如此坚牢地系在一起。那时候我们只等着一个机会来交出我们个人的一切,而且相信在这样的牺牲之后,理想的新世界就会跟着明天的太阳一同升起来。这样的幻梦固然带着孩子气,但这是多么美丽的幻梦啊!"①

与半月报社产生交集的这段时间,巴金受两个人影响最大:一个是后来成为革命烈士的高师学生袁诗荛,一个是成都外语专门学校的学生吴先忧。前者是一位十分具有正义感与斗争激情的知识青年,与之有过交集的人都对他激烈反对旧势力的勇气印象深刻,曾同在半月报社工作过的舒君实回忆:"他言论激励,对军阀十分愤恨,是个无所畏惧的人,敢说敢讲",曾当面顶撞军阀首领。② 除了积极参与和组织学生反帝爱国运动外,袁诗荛对导致四川混乱局面的军阀统治亦十分反感。1920年冬,北洋政府任命的川督刘存厚的军队在少城公园与踢球的学生发生冲突,兵士悍然打伤并抓捕了多名学生。作为四川学联负责人的袁诗荛得到消息后,立即召开学联紧急会议,并带领以成都高师学生为主的两千多人开赴北校场刘存厚驻军司令部通宵请愿,提出严惩肇事军人、赔偿伤亡学生、宣布保障人民自由、严禁

---

① 《我的幼年》,《巴金全集》第13卷,人民文学出版社,1990年,第12页。

② 《舒君实谈袁诗荛烈士》,四川省政协文史委编:《四川文史资料选辑》第26辑,第177页。

武力侵害民众权利等诉求。初期刘存厚等军阀置之不理。后来请愿升级为万人抗议集会,集会上通过了全城三十余校实行总罢课的三点斗争方针,"第一、向刘存厚递交罢课理由书;第二、发表快邮通电,要求各界声援;第三、发表罢课宣言,阐明斗争的宗旨和手段。"最终刘存厚被迫答应释放被捕学生,接受学生所提条件,并担了两挑慰问品到会场至公堂,愿派代表正式向学生道歉。① 这样的斗争结果,看似军阀妥协了,学生取得了胜利,但是,对于军阀割据的现状来说却没有多大触动。于是袁诗荛在文字中开始对四川自治运动和学生爱国运动进行了反思。在川人自治呼声最热烈的时候却发生军学冲突,有人认为军学冲突是川人自治的"触发弹",认为军学冲突具有政治性意义。袁诗荛对此进行了否认,并透露出对民众在此次军学冲突中没有明确提出"教育经费独立"和"四川人民自治"口号的遗憾和失望。他看到了学生运动的弱点,认为学生运动的武器只有请愿和罢课,在方法上很被动,其作用力是非常弱的,再加上当时的学生运动中学生的"团体人格"已经被侵夺,因此他认为此次军学冲突是失败的。②

1921年夏,袁诗荛从成都高师毕业,便受一直对其较为欣赏的川中耆老张澜邀请赴南充中学任教。张澜对袁诗荛很是器重,曾致信表示:"下期开学为时不远。务祈就近催同东之、珌

---

① 廖仲宣:《袁诗荛》,成都科技大学出版社,1989年,第1—67页。
② 袁诗荛:《一回冲突与四川自治的发动》,《半月报》第9号,1920年12月1日,第3—6页。

辉、啸谷、世泽、尔康、孝长诸先生早日到校,以免临时悬望为感为荷。"①袁诗荛与巴金相差七岁,出身迥异,性情有别,但他的斗争意志与昂扬激情却对巴金影响甚大。在因鼓吹"女子剪发"而被警察厅查封后,《半月报》秘密出版了最后一期停刊号,详细记载了事情经过。"那里面的两篇长文的确写得慷慨激昂,是出于一个年纪较大的朋友的手笔。我读着它们血就沸腾起来。这位朋友不久在高等师范毕了业,便因为生活问题到别处去了。以后我也没有机会和他再见面。听说他在大革命中为革命事业奉献了生命。"②巴金在这里所回忆的就是袁诗荛。后来,巴金创作"激流三部曲"时,所写的方继舜这个人物的原型就是袁诗荛。袁诗荛毕业离开成都赴南充任教后,巴金仍与其保持着联系,传递交换本团体工作进度与关于国内无政府主义社团及其出版物的相关信息。1921年夏巴金曾致信袁,信中谈到:"《革命》印刷交涉失败,洪先生说要检查后才能印,我们这样东西怎么能送去检查呢?版已排好,结果由我们付了六元半钱的版费(此是先忧去交涉的,详情可问他),现在大约油印出版。"③这份未能出版的《革命》想必也是均社同人们宣传无政府主义的论著。

---

① 《致袁诗荛》(1922年7月3日),龙显昭主编:《张澜文集》,四川教育出版社,1991年,第48页。
② 《忆》,《巴金全集》第12卷,人民文学出版社,1989年,第410页。
③ 《给袁诗荛的信》(1921年夏),邱沛篁等:《巴金与四川大学》,四川大学出版社,2015年,第182页。

而另一位半月报社的骨干人物吴先忧是四川盐亭人,外国语专门学校学生,比巴金高几级,在当时是个更为彻底的无政府主义者,为了践行"不劳动者不得食"的原则,选择退学去裁缝铺做了学徒,以清教徒式的精神投身于劳动生活与《半月报》的创办活动中。"每天他坐在裁缝铺里勤苦地学着做衣服,傍晚下工后才到报社来服务。他是一个近视眼,又是初学手艺,所以每晚他到报社来的时候,手指上密密麻麻地满是针眼。他自己倒高兴,毫不在乎地带着笑容向我们叙述他这一天的有趣的经历。我们不由得暗暗地佩服他。他不但这样,同时还实行素食。我们并不赞成他的这种苦行,但是他实行的毅力和刻苦的精神却使我们齐声赞美。"当《半月报》陷入经济危机的时候,吴先忧不仅慨然捐出了微薄的薪水,而且屡屡瞒着家人将自己的衣物送去当掉,过着极清贫节俭的生活,还闹过夏天穿棉袄、冬天穿夹袍的笑话。其纯洁的牺牲精神和言行一致的决心,以及不顾一切毅然实行自己主张的勇气和毅力,在巴金的生活里留下了不可磨灭的影响。巴金由此将他称为自己的第三位先生:"第一次在他的身上看见了信仰所开放的花朵。他使我第一次知道一个人的毅力会做出什么样的事情。"吴先忧教会了少年巴金"自我牺牲"的精神,"我虽然到现在还不能够做到像他那样地'否定自己',但是我的行为却始终受着这个影响的支配"。①

《半月报》被封以后,吴先忧、巴金等人又接连参与了《警群》

---

① 《我的几个先生》,《巴金全集》第 13 卷,第 18—19 页。

杂志的编辑,再次创办了宣扬无政府主义的《平民之声》,继续传播自身的理想。"半年以后我们又办了一种周刊《平民之声》。这次由我主持编辑事务,通信处就设在我家里。第一期刊物编好,我们非常高兴。我们天天到印刷局去看校样,我们在旁边守着工人把铅版上架。印刷局这次一定要我们把稿子送到警察厅去检查,我们只得把清样送去了。是那个学裁缝的朋友送去的。我们几个人就在印刷局里望着印机转动,注意地望着每两份连在一起的刊物一张一张从印机上飞下来。我们兴奋得甚至忘记了晚饭。"① 在新文化运动中参与白话期刊创办与议论文写作的经历,对巴金以后的思想发展与人生抉择,产生了不可估量的影响。②

通览只持续了一年左右的《半月报》的主要内容,其对男女同学、女性权利、女子剪发、自由恋爱、自治运动、废督裁兵、劳动与工人、政治改造等各方面问题均有涉及,而且最后往往导向对现制度的彻底否定与对社会的整体性、全盘性变革。他们往往将当前的所有制度法则乃至道德规范全部视为禁锢人类自由的"固有的文明",应当将其彻底打破。正如袁诗尧在一篇文章中所宣言的:"我们相信人生是有绝对的自由,即是自然法则,都以科学的进化制服他,收为我们所用;一切人为法则,应该立时宣

---

① 《觉醒与活动》,《巴金选集》第10卷,第65—67、70页。
② 刘慧英:《巴金的无政府主义与民族国家的关系》,《中国现代文学研究丛刊》2000年第2期;《还巴金以历史的公正——论巴金与无政府主义》,《鲁迅研究月刊》1998年第5期。

告灭绝!……我们相信思想应该绝对的自由,才是进化的人类;不能以'齐一的思想'限制他人,不能以'固有的文明'痼蔽他人,而固有的文明,在人类发达史上不过有保存的必要!"①他对当时的政治现状与政客均抱着一种深刻的失望与排斥,哪怕是1921年前后在巴蜀大地一度甚嚣尘上的省自治运动,袁诗尧也一针见血地对其实质进行了鞭挞:"自治的障碍物,第一是'督军',第二是'兵'。两种毒物连成一个狼狈为奸的'军阀';军阀不除个罄尽,自治是一日不能进行的。人民要自治,而军阀偏要治人;人民要治安,而军阀偏要扰乱人民的治安;人民要生存,而军阀偏要杀人放火的叫人民死绝。"他对那些打着"自治""民主"招牌残民以逞、蹂躏乡里的军阀官吏进行了鞭辟入里的痛斥,将其虚假面目暴露在世人面前:"也是人民应该遭殃,好好的一个可以救人民于水火中的自治题目,落污了在军阀的粪池里面了!谁是四川之主,主权在人民,牛马奴仆式的官吏,那够得上说是主?若要反奴为主,我可以说熊刘但杨……等等,都是'四川之主乱者',没有他们这股毛虫,四川是不会乱的。人人都有天赋的自治权哩,不应有治者与被治者的阶级,官吏政府——是人民自治的赘疣,杀人的毒药。"②类似的辛辣言论其实在《半月报》上所在多有,也难怪会引起地方军阀不满,导致其很快被封闭。

其实,对于激进年代的时人而言,与其说无政府主义是一种

---

① 袁诗尧:《改造四川的方针》,《半月报》第14号,1921年2月20日,第5—6页。

② 诗尧:《自治与总司令兼省长》,《半月报》第24号,1921年7月15日。

理论体系,毋宁说是一种人生态度与价值取向。其内部流派主张的芜杂多歧,从来没有铸造成为一种系统自洽的理论,而其对现实社会无比痛恨、绝不妥协的激烈态度,要整体性对之加以荡涤后全盘重建的理想,在某种程度上是宣示了部分中国知识分子对现存秩序的彻底否定和对传统文化中理想主义的一种内在继承,其中也蕴藏着一种追求将价值理性与实践理性融合为一的"天下士"情怀在近代的延续。无政府主义所具有的这种"彻底性"与"开放性"无疑有利于它在激进青年中的广泛传播。正如研究者所言,"'五四'时期无政府主义的开花结果是与把五四运动(在其新文化阶段)作为一种启蒙运动相一致的。中国青年满腔热情地迎接1915年后充溢在思想界的'新知'的洪流,他们是追求思想自由的一代,就像谚语里说的海绵一样,他们吸收每一种许诺了自由的思想,而没有过多考虑这种思想的根源或其社会、政治含义"。[①] 因此,袁诗荛、巴金、吴先忧等知识青年及其创办的《半月报》等激烈宣扬彻底社会革命理念的白话报刊,或许就是对某种打动了他们的时代思潮的地方性回应吧!

第三节 "五四青年"的困惑与转型: 四川地区趋新知识分子的个案研究

五四运动前后数年间,各种新思潮在全国各地落地生根与

---

① [美]阿里夫·德里克(Arif Dirlik)著,孙宜学译:《中国革命中的无政府主义》,广西师范大学出版社,2006年,第151页。

萌芽成长的过程中,具有除旧趋新和自我革命①诉求的激进知识青年们,往往构成了各地接受新思想、创建新社团、寻求新道路的社会革新骨干群体。四川地区自然也不例外,无论是接受局部性实验道路的王光祈、周太玄、李劼人、卢作孚、曾琦、李璜、孙少荆、任鸿隽、巴金等人,还是寻求整体性解决的袁诗荛、吴先忧、阳翰笙、张秀熟、童庸生、邹进贤、曾莱等人,都是那个时代巴蜀大地上不满于旧式生活轨迹与动荡秩序的革新青年,呈现了新思潮运动深入中国广大基层社会的早期人物群像。对他们的人生历程尤其是早期思想转型与价值抉择定型的经过进行探究,将有助于我们更为深刻地认知近现代中国历史巨变的地方面向。因为篇幅所限,本节不可能面面俱到,对相关人物进行一网打尽式的研究,而是将选取一个典型个案,即綦江青年邹进贤身后留下的1923—1924年间近一年的日记为主干史料(日记原文依时序分为了三个部分,分别被命名为"日常生活镜""我的人格养成所""生活与善恶之痕"),再结合其他史料,将他作为一个观察彼时青年生活状态与思想转变的例证加以考察分析。

一、"小镇青年"的迷茫与觉悟

邹进贤,又名邹游,化名朱三元(周三元)、周正清,綦江县古南镇人,生于1899年3月15日。邹进贤出生于一个小手工业

---

① 此处所言的革命,并非狭义上的暴力革命,而是广义上的各界大变革、大转型之意,包括思维、表达、学习、生活、道德理想及政治社会运作等各领域的方式与内涵变革,这是近代中国转型时代的特质。

者兼自耕农家庭,念完私塾后即辍学在家数年。1920年秋,21岁的邹进贤通过补习考取了重庆联合中学。次年秋,他又考取了位于成都的省立高等蚕桑专门学校(相当于专科学校)的公费生,转到四川教育、文化与政治的中心成都上学。① 在成都就学期间,邹进贤的思想认识发生了很大变化,从一个受新文化影响而又严格坚持明儒倡导的修身进德理路的知识青年,转变成为坚信以激烈手段整体改造社会的革命青年,并在数年以后的土地革命时期为信仰的事业壮烈牺牲。笔者此处并不打算对其整个人生尤其是参加大革命之后的壮阔经历进行探讨,而是选取他留下日记记录的早年学习生活片段,考察其在新文化、新思潮冲击之下的心路历程与人生轨迹,以通过一滴细小的水珠折射整个时代的星辰大海之光芒。

邹进贤的思想理路形成及其演变,与当时的地方社会环境是分不开的。他出生并成长的川东南綦江县,处于川滇黔几省交界之地,"綦江位于川东南,地处川黔交通要道,是重庆的重要门户",地理位置并不偏僻,相对易于受到外部新思潮的影响。② 而正因为这样的地理位置,又使得綦江县成为各路军阀尤其是黔系军阀进出川东南征战杀伐、争夺地盘的必经之路,在1920

---

① 曹步一等,《邹进贤烈士传略》,中共綦江县委党史工委编印:《中共綦江县党史资料汇编》第1辑,1986年,第81页;《邹进贤小传》,中共重庆市委党史研究室编:《邹进贤日记》,重庆出版社,1997年,第2—4页。

② 中共綦江县委党史工委编印:《中共綦江县党史资料汇编》第4辑,1987年,第31—33页。

年代前后长期由黔军驻扎把守,受兵灾战祸摧残十分严重。由于连年战争,政局动乱,以致匪患迭起,团防林立,"兵来派粮索款;匪来抢财劫物;团设苛捐杂税。兵、匪、团交相为害",加上綦江本属山区,地瘠民贫,遭此兵匪骚扰,田土荒芜,加剧了自然灾害,粮产大减,人民处于水深火热之中。① 这些都是綦江有志于拯救桑梓于水火之中的青年们组织起来和行动起来的重要外部环境。1919年五四运动之后,在蓉、渝等省内中心城市念书的綦江青年受到新文化、新理念的影响,返綦相约成立"綦江青年砥砺会",知识青年们以一种新的方式聚合了起来。对此事情,当时的地方报刊也有记录:"昨闻该县李君云:该县由旅京、旅蓉、旅渝各留学生组成一会——'青年砥砺会'。以德、智、体、实业四项为宗旨,以造就个人、完全人格为目的。每逢曜日,凡会员均应到会各抒所见,公布大众。如讨论英语数学等,大家研究,使'青年'二字成精神上之青年,免为形貌上之观察,陷诸不学便老而衰之地。但入会资格以具有普通知识及旧学深有研究者,以便时常切磋云。"该会成立之后的效果也很不错,在地方社会影响较大,"该青年会成立以来,入会者实不乏人。各乡场仿照成立分会,会之精神亦卓卓有声,而富于莘莘向学者,未免屏诸会外。该会有鉴于此,今特设一青年高小校,庶几双方兼备。然苦无款项,难期发展,而办事人多捐资,承办教员又多义务,故

---

① 杜祥惠等整理:《大革命时期綦江县青年运动概况》,收于中共綦江县委党史工委编印:《中共綦江县党史资料汇编》第1辑,1986年,第7—8页。

乃组织募捐,县绅共助有一万余金,作为宝款以保永久云"。①

民国初年类似于这样的青年团体如雨后春笋般的出现,为那个时代在黑暗中找不到出路的学生们提供了"抱团取暖"与开拓进取的可能空间及动力支撑。身历五四新文化运动的綦江寒门子弟危石顽(直士)曾在回忆中谈到:"在新文化运动方面,鲁迅写的文章,茅盾写的文章,郭沫若办的《创造》,周恩来办的《觉悟》,陈独秀办的《新青年》,这些都是我们喜爱的东西。这时,我们綦江城里,在'五四'运动鼓舞下,出现了一个青年团体,叫'青年砥砺会',是县内一些比较进步的人和县外来留学的学生组织起来的。我们东溪原是綦江首善之区,多少富豪都集在东溪,地主数东溪的最大,工商业资本也是东溪最雄厚。我们从不看这些新东西,他们的生活跟我完全两样。綦江'青年砥砺会'的这些同学跟我很好,他们邀我参加了'青年砥砺会',接受新文化,也参加一些爱国活动。"②新式社团不仅能促进学生们的内在修养,更能把来自县城乡村的知识青年凝聚起来在地方社会上展开一些开民智、鼓民力的活动,将他们心目中理想、正派的人际关系与道德伦理注入乡土社会。危石顽、邹进贤、周绍溪、霍步青、霍绍文、陈翰屏等通过青年砥砺会聚合在一起的綦江青年,掌控了地方中小学等教育机构,为志同道合者提供了生存与活

---

① 《地方通信·綦江》,《国民公报》(成都)1920年3月25日,第6版。
② 危石顽:《插旗反礼教》,中共四川省委党史工委编:《五四运动在四川》,四川大学出版社,1989年,第668页。

动的社会空间。危石顽1924年上半年从重庆联中毕业返乡后,因"綦江那几个学校正由青年砥砺会掌握,我便在县立高等小学教书"。这些在地知识青年们在县城组织演新剧,打破守旧沉闷的社会空气,"我们照平民教育运动那种精神,办了一个暑期补习学校。我们热情很高,演新戏,传播新思想。那个时候的人都看不起戏班子,'小旦'更是低人一等,所演的《祖母的心》需要两个女角,我和胡平治两个人就自告奋勇演女角,居然观者如潮,轰动一时,从此在綦江开了演话剧的风气"。他们还办赈救荒。当时由青年砥砺会的一些老会员邹进贤、周绍溪、潘志寰、胡平治等联系一些开明人士,"成立了一个'请赈团',公推危雨皋任主任,在县城文庙内办公"。1926年前后,他们还掀起了直接与军阀官僚及地方绅粮激烈对抗的禁种大烟运动和反抗豪强囤积居奇的"东溪米案"。① 綦江县在全国来说或许是一个毫不起眼的小地方,但正是这些深受新文化运动熏陶的青年们的不懈努力,使得新的思想范式、新的道德伦理原则、新的政治社会理念不断传入中国最为基层的乡土空间,改变了身处这个时代的知识青年本身,也在时代剧变中塑造着地域社会的风气面貌。

若是再回到典型的小镇青年邹进贤身上,我们能感受到这位从乱世中走出来的青年学生在1920年代早期所经受的身心塑造与历程转型。从他留下的日记中我们能看到,他在日常生

---

① 《危石顽同志回忆二十年代的革命经历》,四川省政协文史委编:《四川文史资料选辑》第31辑,四川人民出版社,1983年,第28—29页。

活中将个人修养与团体锻造结合起来,既从传统修身文化中汲取营养,又从主张社会革新的新思想中获取养分,堪称是那个时代诸多在新旧文化范式之间往来穿梭的"五四青年"的典型代表。

从邹进贤1923年4月9日开始记录的早期日记显示,他是一个非常重视个体人格修养的青年,同时也非常关心社会问题与民生疾苦。他坚持每周通过表格对自己进行德行方面的考察,其中分为勤学、诚直、谨言、秩序、清洁、信用、俭约、谦逊等多项,根据每日表现展开自我评分。其在道德修养方面的思想资源,多取材于黄宗羲编撰的《明儒学案》,日记前期频繁出现阅读该书的记载。如1923年4月9日,邹收到善诚书庄送来的《明儒学案》一书,从次日开始就在日记中详细记载了自己的阅读经历与体会。4月11日,"余午后读《明儒学案》,读至崇仁吴康斋先生传,始悉古人求学功夫,是能于反省和自责。先生日夜痛自检点且不暇,岂有功夫检点他人邪,责人密,自治疏矣!此数语足以为我戒,乃志之座右以观厥后"。对于这样的古圣贤修身之言,邹进贤很快便在生活中加以实践。4月12日,他在与同学游戏网球的过程中,发觉对方有许多不规范之处,便"正色戒之",并且"颇引其反响"。但他很快便在日记中开始责备自己违背了"责人密,自治疏矣"的道理,"余何以昨是而今非?冥索乃得其因,实余之涵养学问浅耳!以后当以今日所读之'静时涵养,动时省察'两语为随身宝鉴"。他随后自我检点道:"近日余勤习体育,身体虽有可观,然对于内心之修养尚缺乏,故时有轻佻浮躁之表现,宜慎之,毋忽。"4月19日,"读《明儒学案》,多在产生敬字上做功夫,然后才说得上诚字。我当从明日起,持身以敬,处事而诚"。此后一段时间,邹进贤便时常在敬、诚二字上做功夫,对自身的不足之处痛加针砭,如4月22日日记中载:"余今日对于敬与诚之功夫上太不注意,志之以知吾过。"5月3日,自觉读书做事时意志不坚,时为心中"恶魔"所动摇,"所以读书觉得放荡,而对于愉快之生活日常,亦反常了"。接着就是痛自警醒似的针砭:"自食的言颇不少,如持身以敬,处事以诚,静时涵养,动时省察那[哪]里去了?赶快收放心,不然,瞬间千里外难寻觅矣!只有在此对着我的愉快日常生活这几日的抛荒谢罪,痛改前非吧!"①

许多"五四青年"脑海中所容纳的思想资源往往新旧掺杂、多元丰富,利用宋明儒学思想资源进行严格的修身进德亦是五四新文化社团的一个重要特征。湖北青年恽代英在武汉组织社团之初,便决定借用传统资源作为自律之道:"曾子三省其身,至死而曰:吾知免夫,可知省身之要。……其自省方面,吾决仿曾子三省吾身之法,务以省察切己易犯之病为主。""余亦将略采良知之说,以自成就。"②阳明心学的核心要义"良知"以后便成为恽代英等组织互助社的重要凭借。而湖南长沙省立一师的毛泽

---

① 中共重庆市委党史研究室编:《邹进贤日记》,重庆出版社,1997年,第5—8、13、15、26页。

② 中央档案馆、中国革命博物馆、中共中央党校出版社编:《恽代英日记》,中共中央党校出版社,1981年,第139页。

东、张昆弟等学生也在老师杨昌济的带领下,以理学作为修身锻炼的主要资源,不仅记录省身日记,亦抄录前贤的修身诀语如《论语类抄》《孟子》等,以之作为培育当前改造社会人才的重要途径。① 浙江青年杨贤江在杭州省立第一师范念书时,不仅常阅读《明儒学案》《近思录》《曾文正公家书》等儒学经典,读后还常常"撷其切实可行者依次录于格言簿中,以为自省之资料",积极从中吸取修身进德的资源。他在新文化运动时期的日记中,也在不断地以儒家修身律己的标准自我警醒、自我提点,即使在琐碎小事上稍有杂念,也自责甚厉。② 后来成为国家主义派巨擘的余家菊也忆及自己少年时代"受理学熏染,不免过度的检束自己,流入矜持一途,缺少发扬气象"。③ 寻求追慕新思潮、新文化的"五四"那一代青年们,在反传统习俗的旗帜下以传统儒学资源作为修身之所本,看似矛盾,但亦自有其内在理路。正如学者所言,在近现代西学东渐之大潮冲击下,"理学的诸多成分,被以化合作用般的方式重新组织到一个新的结构中",在这个结构中宋明理学的根本伦理价值观已被新的目标或诉求所替代,传统修身之道只是手段而并非目的,正如"圣王之学"的其他组成分子一样被统合到与理学终极目标毫无关系的信仰体系中去

---

① 王兴国:《杨昌济的生平与思想》,湖南人民出版社,1981年,第156—157页。

② 参见刘宗灵:《民国初年的报刊与知识青年的人生样态——以青年杨贤江为例》,《宁波大学学报(人文科学版)》2012年第6期,第78—79页。

③ 余家菊:《余家菊景陶先生回忆录》,慧炬出版社,1994年,第140页。

了。于是,理学中强调自我锻炼修养的部分就一变而为新一代行动者自我人格塑造运动的重要凭借。① 因此,对个体道德锻炼与修身自治之道的热衷,并不妨碍似恽代英、杨贤江、邹进贤等这样的"五四青年"最终转变成"革命青年"。

尽管趋新青年们对传统儒学资源仍有所赞同乃至敬畏,但他们所读之书与吸取的思想资源已较传统范畴远为广泛,邹进贤日记所载经常阅读的就有《新青年》《学生杂志》《努力周报》《中国青年》《社会主义浅说》《劳农政府》《俄国革命》等新文化书刊乃至于宣扬社会革命的著述。这代青年所面临的阅读语境与文化氛围与古人相比已经发生了很大变化,因此他们在阅读感悟儒学经典文本时,也会质疑其与当下社会的龃龉之处,对之施加改造以适应现实需求。如邹进贤一方面主要依据吴康斋修德之语进行自我锻炼,但另一方面又认为:"但康斋先生所云自检之学虽善,然在此社会中又有些不宜。若仅以此为训,则未免将自己过于拘泥。余以为一方要自检,一方也要使友朋些知道自检之学。而其使友朋如何知道,则个人首以很诚挚之人格化他,其次互相规劝,自然自检之道余则更有进步,友朋些亦得益矣!"② 这种从个人自治转向团体自治的思想进路在五四时期颇为常见。随着"五四"前后爱国救亡运动、择师运动、自治运动、女子解放运动等公共议题的发酵与兴起,各类社团与白话报刊

---

① 王汎森:《中国近代思想中的传统因素——兼论思想的本质与思想的功能》,收于氏著《中国近代思想与学术的系谱》(增订版),第 153 页。
② 《邹进贤日记》,第 7 页。

如雨后春笋般生长,青年学生的交往范围日益扩大,他们的共同体意识与组织意识进一步觉醒,不少有理想的青年在自助之时亦重视互助,在自治之际也重视团体共治。正如亲历者所述:"既然要救国,就要组织一个团体,发行一种刊物,作为行动的第一步。当时这种组织小团体的想法颇为流行,不少有抱负的青年人都想藉以一试身手,登高一鸣。"① 有学者从江西改造社的案例来探讨地方场域中青年学生组织化、主义化与革命化的进程,其认为五四新文化运动时期的学生社团先后经过了自治团体、行动团体、革命团体三个逐步升级的阶段,青年学生们先在危机意识和新社会想象的刺激下汇聚起来,之后便通过不断强化团体身份、团体意识和团体纪律来凝聚组织,最终将以倡导激烈社会改造的"主义"为代表的新思想引入团体生活中,实现了社团的革命化,继而又接引革命回乡,推动了地方党、团组织的建立。②

上述的历史进程也曾存在于川内的趋新青年学生群体中。在邹进贤现存日记的写作期间,他正在位于成都的省立蚕桑专门学校念书,此时他同时参加了多个团体,如綦江青年砥砺会、重庆联中旅省同学会、蚕丝社、校学生会、民权运动大同盟、甲子日刊社、平民教育社,并参与发起组织了益社成都分社、青年之友社,创办《青年之友》周刊。这当中既有在校青年学生自治组

---

① 张国焘:《我的回忆》第 1 册,东方出版社,1998 年,第 45 页。
② 参见于海兵:《五四时期地方学生的革命之路——以南昌改造社及其团体生活为例》,《中共党史研究》2020 年第 6 期。

织,也有报刊媒体与政治性团体,更有为青年及社会服务的公益性团体。这在当时新文化潮流涌动的巴蜀大地上并不罕见——尤其是对成、渝这样的地方文化教育与政治经济中心来说,更是如此。例如,五四时期与邹进贤一样正在重庆联中念书的江津青年朱近之后来回忆道:

> 在五四运动爆发之前,北京等地已有新文化运动的兴起,那时正在第一次世界大战方结束之际,许多西方的所谓新思潮、新学术新近、资本主义的,社会主义的,五花八门,纷繁复杂,不断地拥来,京、津、沪、汉等地当然得风气之先,渝蓉各地虽然落后一些,但终于最后也涌进来了,尤其是五四运动爆发以后,更有一泻千里,不可遏止,终于改变了我原来单纯狭隘的脑筋,树立几个较新的观点,第一、觉得单纯地读书习民[武]无济于事,还得有一套理论,一个主义,作为行动的根据和基础,似乎才有力量,也才有个目的。第二、觉得俗话所云,单丝不成线,独木不能成林,这话颇有道理,一个人单枪匹马搞不出好大个气候来,还得结合一批志同道合的一齐来干,才搞得出一点明堂。第三、觉得必须要有个计划,定个方案,依步就班的进行,然后才有所成就,否则乱搞乱跳,东一拳西一脚是劳而无功的。①

---

① 朱近之:《我的政治生活历程》(摘录),收于中共重庆市委党史工委编印:《五四运动在重庆》,1984年,第326—327页。

于此可见五四新文化浪潮对青年学生们的冲击,尤其是在聚合起来组织同人社团与寻找"主义"等成体系、有实践导向性的理论信仰方面,形塑了他们的价值观。朱近之后来在联中和来自川东各县的志同道合的青年们一起组织过带有无政府主义色彩的社团"益社",由此与来自綦江的邹进贤及其同乡朋友也产生了交集。这样的团体生活对这批青年人的影响是很大的,也促进了他们对团体的日益重视。而邹进贤内心亦非常重视对团体事务的参与和贡献,在他的日记中,多次出现为团体组织服务的记录。要么是"晨起整理案上灰尘并做团体事",要么是"饭后开学生联合会",在团体生活中相当活跃。在劝诫他人时,邹屡次提出"改造要集合团体";对自己的肯定性评价,是"近年余对于团体事业及改造事业颇热,此亦余得各友之赞许矣";对自己的期待,也是"我欲练习我之办事能力,不能不在团体中去活动";对身边麻木不仁的同学的批评,则是"但其青年意志之薄弱而无团体性良有日也"。他钟爱着团体,极力维护所加入之各种团体的内部凝聚力,当面对最为看重之綦江青年砥砺会"刻下陷于四面楚歌,同志间似有不结合现象"的问题时,他立即作诗寄回,"或可一壮同志间之颜色"。1923年12月,他对自己近期的工作作了初步规划,其中便有"由暑期经过我立志鼓吹结合青年专从事于到民间去鼓吹办团——初步利用文字鼓吹","收集各种章程——团体的——以资[兹]借镜[鉴],便于将来有各种之组织"。①

邹进贤为何如此重视团体？首先是有其自身的原因。他在回忆中述及自己因年少无知曾陷落于滥赌放荡的泥沼中无法自拔,一度生活非常颓废:"余觉悟于民国八年,追念往事,几令人不寒而栗,足资纪念者:……赌钱几亡命……交友尽下流,人格完全扫地。"后来他加入了一批旅渝、旅蓉返乡学生相约创建的綦江青年砥砺会,受其感化熏陶而在道德上重获新生:"余廿岁时入青年会,得青年会诸君之人格化,乃奋发痛改前非,力学不已。自入中校后,又为动事骚扰,致不得力于学。入高蚕校亦然。尤幸到今日算是根本改悔,只要奋发前进,前途正可乐观。"②邹进贤由此对团体的感召力印象深刻,力图将这样的集体力量扩展到身边的同学友朋。其次,"五四"前后,以面向民众进行动员为标志的集体政治模式逐渐大放异彩,无论是救亡、改革还是革命,"到民间去""到大众中去"的呼声不绝如缕,动员青年与民众成为实现政治诉求的不二法门,但个人的力量往往无足轻重,唯有结成紧密互助的团体组织才有成功的可能。③ 这也是新文化潮流冲击下青年自我觉醒的一个历史结果。1921年在南昌省立第二中学念书的江西早期共产主义者袁玉冰,也

---

① 《邹进贤日记》,第5、21、33、37、51、52页。
② 《邹进贤日记》,第25页。
③ 《民众的大联合(三)》(1919年8月4日),中共中央文献研究室等编:《毛泽东早期文稿》,湖南出版社,1990年,第389—394页;《中华全国总工会劝告广东工友团结书》(1926年11月14日),《邓中夏全集》,人民出版社,2014年,第1201—1203页。

在日记中表示:"我觉得现在中国的社会,无论什么人都可以同化,所以这种社会,这种环境,非改造不可。但是你想改造她,恐怕她还要先同化你呢?于是我们要组织大团体,大家互助起来,将来或许可以不受社会的支配!"① 正如论者所述,"作为既包含社会激进主义又包含新文学的复杂的思潮和运动,新文化及其再生产引起了多重的社会后果"。② 这既为"五四"前后的学生运动提供了全新的政治内容与集体政治行为模式,使得学生运动与政党政治的结合成为可能,也推动了以动员底层民众为核心诉求的新型激进政治的诞生与普及。

邹进贤在以意志力塑造自己人生道路与寻求家国拯救之途的过程中,也与崇尚集体政治的共产主义革命运动愈走愈近。他在成都念书的三年间,相继参加了革命先驱王右木组织的马克思读书会与马克思学会,于1923年春结识恽代英,并受其介绍先后加入了成都SY(社会主义青年团)与恽在泸州时成立的学行励进会。恽代英以及与之偕来成都的川南学生张霁帆、余泽鸿等青年团员,让邹进贤感受到了深深的人格吸引力。1923年5月6日,他与恽代英等初次见面即留下了良好之印象:"今日会恽代英于西南公学,余所希望事,渠皆承诺,其人格为吾侪模范之处甚大,承赐《人民之自治单位》一本。后与张君(张霁

---

① 《袁玉冰日记》1921年3月17日。(见CADAL数字图书馆数据库存手稿本)

② 季剑青:《地方精英、学生与新文化的再生产——以"五四"前后的山东为例》,《现代中国文化与文学》2009年第2期,第53—54页。

帆——引者注）在商业场啜茗，畅谈一切，渠甚诚笃，余当敬之。"① 不过，从日记中看来，1923、1924 年之交的邹进贤及其身边诸多进步青年，如霍步青、章小园、张霁帆、周绍溪、赵维屏、张子玉、黄钦等，或此时已加入青年团，或之后成为中共骨干为革命牺牲，但此时大多数尚未接受或树立起暴力革命与阶级斗争之观念，多是主张从青年个人训练、发展团体、平民教育、宣传组织等方面入手以作改造社会之活动。邹进贤其时虽已参与了马克思读书会与成都社会主义青年团的一些活动，但对其活动方式与着手路径却有些不以为然。如 1923 年 5 月 12 日，邹进贤于午后偕同学数人赴马克思读书会听讲，结果却有些失望："在先余以为该会将书中与社会适合点取出讨论，殊非余之预料，竟照书所讲。姑无论讲得是否合书意，而此种当不能引起听者兴味。依余见当以书中是如何情形，参酌现社会之现象而讨论，一待得有结果，即努力做去，如此似觉有益。所可惜者，余之英文研究会牺牲了，毫无代价。"与此同时，他对王右木、黄钦等成都青年团的负责人热衷于参与现实政治活动以扩大影响的做法也颇不赞成。如 1924 年 3 月 13 日日记曾载有一事："SY 的黄钦来晤霁帆未果。我则询其会霁帆为何，他却因铁道协会明日选举事来寻人帮抬大轿。措的理由：近来外人颇有势力在道路协会，国人非有中坚分子插入，不足以监督其黑幕，于是以五十张选票托我为力，而我竟慨然允之，事后始觉我的理智太不可靠

---

① 《邹进贤日记》，第 28 页。

了。我对于此事负有两个大罪:1、给许多青年人较深刻的恶影响;2、学校在行课期间,竟以此恶事抛弃青年人的大好韶[时]光,而使学校课务进行上蒙莫大之影响。"① 于此可见,出身川东小县城的知识青年邹进贤,与彼时在秩序失范的民国社会中沉浮不定的诸多"五四青年"一样,选择的社会改造方式是从自身往外层层推进,先到身边的同人、同学或同乡小团体,再延及整个社会的自下而上途径,在这个过程中,他与那一代许多青年知识分子一样有意识地疏离于"黑暗腐败"的现实政治。②

当然,如邹进贤这样出生于乱世之青年会经常面对军匪如麻、生灵涂炭的现实问题。1923年4月19日,邹进贤阅报"见吾綦又被匪围,良可浩叹! 故乡如此,当造好学问便于来日改造它"。在与师友信中也常常慨叹:"全境十之七八沦于匪,当然有多数父老因环境关系而随波逐流。"不过,邹进贤在日记或致友人信函中反复言说的拯救之道仍是青年的个体修身与团体自治,以及如何将这二者打通贯穿的问题,他在致重庆联中的綦江同学会信中便提出:"现在青年人的内心修养和外体训练,真缺乏得很。我意与其谈不关痛痒之事,不如讨论些怎样保存良心,而不为恶俗所染? 怎样养成日常生活的良好习惯? 怎样修养我们的真勇敢? 怎样训练我们的办事才(能)? 怎样去过团体生

---

① 《邹进贤日记》,第31、107页。
② 五四时期的学生社团几乎都是以修身进德互助等为信条,主张直接参与现实政治经济活动的甚为罕见。参见《青年》第3期(1920年2月16日),收于张允侯等编:《五四时期的社团》(三),第101页。

活?""后五四时期",政治参与意识被唤醒的学生谈改造社会似已成为一种口头禅,但邹进贤更关注的还是青年自身的改造与团体互助的问题:"朋友们,学生去改造社会么!其实学生必须他人改造的地方多得很。既是这样,我们改造社会,如不留心去改造自家最亲近的青年朋友,即使我们大刀阔斧杀上前去,他们因受压迫的影响,马上就在我们后面作起乱来,我们不败往那里跑!"[1]从中可以看出邹进贤此时解决国家社会问题的"药方",类似于当时一些进步青年,将个体修身扩充到团体自治中去,以自助助人的方式维系青年人自身的道德水准与觉悟,再以巩固的团体力量去实现整体社会改造。但失去了儒家终极价值"天理"支撑的"良心""道德"等,在传统政制已全面崩解之时,显然已不能再持续性地维系与巩固这一个个青年团体了。正如论者所述,作为个人信仰对象与终极价值,且有组织严密、纪律整肃的革命政党为支撑载体的"主义",终将被引入有志彻底改造社会的青年群体中,成为个人修身进德、团体自治以及国家改造的最终准绳与凭借,由此全盘地解决了知识青年所面对的人生、社会、修身、自治乃至救国等微观与宏观问题。[2]

只不过,这样的历史转化需要一个过程,青年们在人生的十字路口也会彷徨、迷茫,我们在对具体人物的分析中不能为后见之明所遮蔽,应当在细致爬梳史料的基础上,充分认知具体语境

---

[1] 《邹进贤日记》,第14、133、140页。
[2] 于海兵:《革命青年的修身与自治——以〈袁玉冰日记〉为中心》,《学术月刊》2018年第5期,第181—183页。

下的历史主体在人生抉择上所经历的曲折过程。正如从綦江走出来先后在渝、蓉求学的邹进贤,1923年底曾针对家乡糜烂的乱局提出了"讲演""组党""分工"等方案,但其所谓"组党"并非组织国民党(左派)或共产党,而是集合綦江热心青年努力办团(团练)以卫护桑梓,恢复地方秩序安宁,"如要想把綦江的民团弄好,境地恢复,秩序整然,非从团体组织不可,当然是由热心办团为入手之先"。① 因此,他寄厚望于在家乡团练局服务的青年会朋友:"……我要敬祝你们秣马励[厉]兵,在那办教育精神里面和办其他里面,至少抽出十分之六的百折不回的精力去鼓吹办团,复又自去提倡门户练或帮助他人进行。我相信在现代社会中,有许多未解决而待解决的问题,都在这一件事中解决入手。如若不然,我又相信我们现在及将来无非是一些万恶军阀高压下的一些昏夜乞怜的教育家和摇尾求生的小政客与可怜的犬马百姓吧!"②

邹进贤这种以办团练救桑梓的地方改革思想持续到了什么时候?因为日记仅到1924年4月为止,限于材料,我们无法清楚得知。但当时这种思路在四川并非孤立,刘愿庵、余泽鸿、裴紫琚等成都青年团的骨干成员,都曾有此想法或实践。1924年下半年张霁帆曾在给团中央的报告中提到:"抵御兵匪者,除民

---

① 《致綦江团练局长张旭东信》(1923年12月5日),收于《邹进贤日记》,第126页。
② 《致敬先等四朋友信》(1923年11月28日),收于《邹进贤日记》,第122页。

团外别无他法。近年同志注意兵[民]团者甚多,投身入内以谋活动者亦不少。在川办团,既可以御兵匪左右政治教育,复可以藉此机会办工农运动。"① 但是,我们可以想见,随着大革命的掀起及其后土地革命的展开,仅局限于地方区域社会自保目标的办团思路,很快便被信奉共产主义的革命者们所超越。而数年之后,邹进贤也脱离了仅瞩目于个人修身、团体自治与维护家乡的视野限制,开始了为更宏大目标而殚精竭虑的职业革命家生涯。

在政治上,1923年,邹进贤在成都的四川高等蚕桑专门学校读书时,由恽代英介绍加入中国社会主义青年团,1924年暑期毕业返綦后,积极组织开展平民教育运动,以及募捐赈灾和"拒毒运动"(禁种鸦片烟运动)。1925年春,邹进贤、危直士(危石顽)在重庆先后由杨闇公、萧楚女介绍加入中国共产党,成为綦江县最早的共产党员。同年8月上旬,綦江的邹进贤、危石顽、霍步青、朱凯参加四川代表团,出席了由孙中山主张在北京召开的国民会议促成会全国代表大会。1926年1月24日晚,由邹进贤主持,在綦江县立第一女子小学校万寿亭(现古南镇沱湾)男教师宿舍召开党员大会,建立了中共綦江县支部,书记邹进贤,当时仅有党员9人。以后随着党员人数的增加,到1926年5月前,中共綦江县支部改为中共綦江县特支。邹进贤曾经

---

① 《张霁帆给团中央的信》(1924年),中央档案馆、四川省档案馆编印:《四川革命历史文件汇集》甲1,1983年,第179页。

的学生犹凤歧回忆道:"我对他印象很深,他精明干练,很会讲演,经常向学生讲革命道理,亲自教学生唱革命歌曲……每当我们在街头搭起桌子、板凳同国家主义派面对面的辩论时,都博得广大群众的热烈鼓掌欢迎。"邹进贤曾任綦江县第一高等小学校训育主任,兼授青年会中学的国语、常识等课程,犹凤歧当时在该校读书,他称邹进贤是他的政治启蒙老师。①

1930年4月18日,即将走上刑场的中共四川省委常委兼军委书记李鸣珂,在写给周恩来与党中央的绝命书中,如此评价当年在成都蚕桑校念书时即与他相识相知的邹进贤:"邹游(即邹进贤——引者注)与罗世文两同志,对党忠实,认识明瞭,理论更较我清楚,惟空洞耳。邹游可参加常委工作,世文可负省宣部责任。游有相当工作经验,有干的精神,同时也有干的方法。"②值得一提的是,邹进贤在后来独当一面的革命生涯中,仍然坚持着当年一丝不苟的自律标准与对同志言行的严格要求,充溢着革命理想主义色彩。③ 1930年5月8日,已担任中共四川省委常委兼秘书长的邹进贤,在重庆因叛徒出卖被捕牺牲,终为自己所信仰的彻底改造旧社会的宏大事

---

① 中共綦江党史工作委员会编印:《中共綦江党史资料汇编》第1辑,1986年,第90—92页。
② 《李鸣珂被难前给中央的信》(1930年4月18日),中央档案馆、四川省档案馆编印:《四川革命历史文件汇集》甲5,1985年,第47页。
③ 参见刘宗灵:《一九二九年"遂蓬起义"再研究——兼论土地革命时期中共领导武装斗争的内在问题》,《党史研究与教学》2018年第3期,第50—51页。

业献出了宝贵生命。

上述类似于袁诗荛、邹进贤这样出身于县乡普通家庭[①]的知识青年,家庭经济境况或能保证他们接受一定的新式教育,获取一定的文化资本,但其经济资本仍无法支撑他们出省或出国获取更高层次的教育资源,获取更高社会地位。晚清民国逐步架构起来的新式教育机制限定了学堂的布局态势,越是高级的学堂,越是设在大城市,而学堂教育的真正重心也在高级教育层面上。教育资本的获得渐成直接与经济资本交换之势。正如学者所论:"从县城经中等城市、省会到京城、东洋和西洋的地理距离也正是各级学堂间的社会距离。要真正将新文化资本操持在手,就必须至少有毕业于中学堂的资格。"[②] 袁诗荛、邹进贤等人虽然顺利获得了毕业于中等学校乃至于高等学校的资历,但他们作为只能融入在地化社会网络的本土知识分子,背后亦没有强大的政治、军事或经济势力以做后盾,这使得他们只能漂浮于家乡、都会与省城之间,与在省内外接受过教育的日趋过剩的知识分子竞争有限的社会资源,并亲眼目睹与亲身感受了那个时代的极端混乱和自身人生旅程的狭隘逼仄。种种的外部环境与内在条件最终共同影响了他们的人生选择。

[①] 当然,此"普通"亦系相对而言,若是与那些完全无力供给子弟学习费用的贫寒家庭来说,能断续接受多年新式教育的邹进贤的家境应不至于太差,从邹进贤的日记中亦少见其对生活压力的直接描述,因此,邹进贤之家庭应当是属于乡间有多种经济来源的较为宽裕的自耕农家庭。

[②] 应星:《新教育场域的兴起(1895—1926)》,生活·读书·新知三联书店,2017年,第67页。

结语 "边缘"的镜像:从"地方"观察国家的近代历史演变

本书通过结合时代背景,选取若干个案例作为切入点,叙述了"五四"前后在四川这个地方舞台上所发生的政治、文化与思想方面的变化。时代浪潮在特定地方场域中所激起的涟漪,所获得的回响,既有全国性的普遍特点,也有具体而个别的区域要素。在政治上,四川地方的军阀混战,自民初以来便愈演愈烈,并形成独具特色的防区制,将一省之内各种军政势力武力割据之现实结果暂时合规化;在经济上,巴蜀之地除了个别地方以外,整体工业化进程十分曲折缓慢,建基于新式大机器产业之上的新生社会阶层数量相当稀少;在文化教育上,则是新旧交织,旧中涵新,新中有旧,新的理念范式与文化模式的落地生根及其渗透普及进程,相对其他"得风气之先"的地域来说也是较为迟缓的。吴虞、李劼人、袁诗尧、巴金、邹进贤、艾芜、阳翰笙等处于社会不同阶层,家庭背景、人生经历、知识结构、性格喜好等各不相同的历史主体,在面对"五四"前后各种新思想新文化的冲击时,从自身立场处境出发所作出的自觉或不自觉的反应,以及种种对时代新潮的回应给他们个人、地方乃至整个社会氛围带来的变化,是值得我们后人思考与不断探索的议题。

回顾历史我们可以看到,在新文化浪潮下一心求新求变的地方趋新青年们的出路,也是多种多样的。这里面,既有时代大环境烙下的印记,也有个人家庭情形、经济社会地位、活动小环境、自身性格爱好等既存因素或明或暗的影响制约。1918年,来自重庆忠县的女生秦德君考入了相当于中等职业学校的省立女子实业讲习所,"第二年五四运动兴起,我接受了新思想,首先把辫子剪了,学校当局认为'有伤风化'挂牌把我开除了"。尔后"穷途末路"的秦德君便萌生了赴苏俄游学考察的愿望,跟着少年中国学会会员陈愚生离川赴京,在李大钊、邓中夏、恽代英等人的影响下开始了不一样的火热人生。① 而此时正在吴虞家乡新繁县念小学的艾芜,却自由自在地接受着新文化的滋润。因其所在小学的校长吴六庄恰是"只手打倒孔家店的老英雄"吴虞的族侄,这位校长对于五四新文化运动是极为热忱地拥护,曾为学校订有许多鼓吹新文化的报纸杂志。如北京出的《每周评论》、上海出的《星期评论》、成都出的《星期日》,就常常挂在礼堂的壁上,让学生自由地去阅读。图书室内则放着《新青年》《新

---

① 秦德君:《回忆李大钊邓中夏恽代英》,中国社会科学院近代史研究所编:《五四运动回忆录》(上),中国社会科学出版社,1979年,第372页。

潮》《少年中国》《少年世界》等有名的新文化报刊,仕由学生借阅。在艾芜的回忆中,虽然救亡抵货的五四浪潮对家乡影响较微,但富含各种革新思潮的新文化运动却对这个成都周边小县城的小学生产生了巨大的冲击,他用生动的笔触描述道:"我们幼稚的头脑,却渐渐给期刊杂志上的文字,弄得异常兴奋起来,好象吃了什么仙药,自己全然在变一般。我们对那写着'大成至圣先师孔子之神位'的木牌,感到了轻蔑,把那些尊孔祭孔的人,视为愚蠢。我们对文言文,非常的憎恶,把反对白话的教员,骂为老腐败。我们把提倡新文化作白话文的人,放在至神至圣的地位去尊敬。自己也如醉如痴地做起白话文章,一天至少要用几句白话,凑成一首似诗非诗的东西。我们赞成男女平等、婚姻自主,因家去同父亲、母亲找麻烦,要他们解除旧式的婚约。我们欢迎蔡元培说的'劳工神圣',寒暑假回家的时候,就不要人挑衣箱书籍,愿意自己拿肩膀去承担起,辛苦一、二十里,流一身汗,觉得是一桩高尚的事情。眼见社会上应改革的事情太多,便一心想做新青年,甚至决定远避恋爱那类纠缠,不到三十岁不结婚。总之,'五四'的新潮流已把我们从头到脚,都淹在里面了。"① 在当时的其他学校,排斥白话文与新思潮的守旧风气还比较浓厚,这说明除了时代大背景与政治、经济等结构性因素的限制外,一个地方或一所学校的小环境对其成员的影响作用也是非常重要的。

---

① 《艾芜文集》第 2 卷,四川文艺出版社,1984 年,第 133—134 页。

新文化新思想的潮流对四川这块相对闭塞的内陆地区的冲刷荡涤,是持久而缓慢的,不可能在一夜之间就掀起天翻地覆的突变。而且,由于四川地域广袤、人口众多,内部情形亦较为复杂,这使得新文化在川中的落地生根过程更是充满了曲折坎坷的色彩,呈现出波浪式的荡漾递减情形。例如,王东杰曾在对一个省立成都女师学生的个案研究中揭示:直到1930年代初期,整个成都市教育界的主流仍趋于"保守"的一端。他所研究的这位师范女学生直到1933年冬才"破天荒"地第一次写白话作文,并且在日记中还曾正面地使用"名教"这一术语;同时,这位女学生的日常生活也展示了"妇道""孝道"这样的传统观念,是如何无形地在女子师范学校这一现代化教育的"制度空间"里得以延续的。① 这样的情景启示我们,对于通常在宏大历史叙事逻辑下得出的似乎理所当然的结论,需要在拼接搭建更多历史碎片的基础上,作出更为审慎与严谨的判断乃至反思,因为我们在人为建构的历史"主流"面相下,往往容易忽略掉许多与"主流"并不一致的潜在支流。尤其是不同的群体,往往有着不同的活动场景、话语体系与生活逻辑,如本书中所论的少年中国学会成都分会同人群体与袁诗荛、邹进贤、巴金等更为年轻激进的知识青年虽同受"五四"前后流行的新文化、新思潮影响,但他们就并不完全共享同一套话语系统,活动轨迹与人生趋向也呈现出很大

---

① 王东杰:《一个女学生日记中的情感世界(1931—1934)》,《近代中国妇女史研究》(台北)第15期,2007年12月,第253页。

的差别,若将前者与后来以王右木、杨闇公、童庸生等为中心的蓉、渝两地共产主义知识分子作对比,就更能感受到二者的巨大差别。

因此,为了更完整地把握"五四"前后各类新思潮、新理念、新文化在巴蜀大地传播普及的历史图景,从内部出发的地方性视野甚至边缘化视角是必不可少的。笔者尝试着深入地方历史图景的深层脉络,眼光向下,试图重建若干在地化读书人的历史主体性,以努力深化我们对通常以宏大叙事面貌出现的五四新文化运动是如何渗透进地域社会,并产生影响这一问题的认知。在此背景下,本书选择性地分析了一些地方人物(包括文化精英、政治精英、职业青年、在校学生等),考察他们基于地方语境与个人处境,对五四新文化运动前后所传播的思想观念、政治主张、新潮理论、组织方式等所做出的回应,以此呈现民国早期各种新思想元素的传播流动对地域社会内部造成的冲击及在地化反应。通过考察新文化在地方上的这些最积极支持者、参与者们对各类激进革新理念与社会、政治学说的接受与认同,以及他们组织社团、发行思想型同人刊物以导引社会,并组建新型读书人团体,或以温和的文化传播、思想浸染、渐进改良为途径,或以号召集体主义、大众动员、激烈革新等为方法,以前所未有的方式参与到公共空间与政治活动中的行为,以尝试还原"五四"前后的新文化新理念在地方社会场域的具体化、在地化、吸收接受、再生产与裂变的进程。毋庸讳言,民国早期的四川相对于京沪江浙等文化中心区域,在信息传播与社会文化发展上并不同步,拥有处于相对"边缘"的地域社会现实决定的自身特点。①1920年代后期入川的湖南人舒新城,仍在抱怨成都等地信息的闭塞:"我记得某君作《四川游记》说四川人民对于中国的大事,只有历史知识,决不会受新闻的影响;当时我很觉得这话有点过于唐突,现在身历其境,又觉它不是全无道理。"② 这种情形,自然与前文所述四川地区连绵不断的兵灾所导致的社会秩序失范有极大的关系。不过,川中读书人仍通过书信报刊与夔门以外的世界建立了绵延不断的联系,一直并非完全隔绝状态。在这种境况下,四川地区的地方知识分子与在校学生于五四新文化运动的冲击之下所作出的反应、行动抉择及"五四"的潜在影响,与他省、他地的同类人群有何种不同? 时代思潮的地方回应在四川乃至全国各地到底有多少不同的面貌呈现?"五四"与"新

---

① 当然,"核心"与"边缘"两者的关系也是流变不拘的,在此处是核心,到了彼处或就是边缘;在全局范畴内是边缘,在局部范围内却可能是核心。近年来,空间方位结构对于史学研究的意义渐为世人所重视。正如学者所言,"各类空间秩序一旦形成,这个秩序对于其间所将要开展的活动,也常常具有或多或少的指向性或规范性。人们一旦进入或使用这个空间,就不得不跟这个规划逻辑进行某种有意或无意的对话。"因此,我们可以"把空间结构看作权利以及资源关系的产物,把空间形态解读成具有社会文化经济意义的历史积淀,把历史人物的空间经历开发为一种特定历史时期社会文化实践与物质权利秩序建构逻辑之间的对抗或对话。"参见叶文心:《空间思维与民国史研究》,《南京大学学报(哲学社会科学版)》2013年第1期。笔者以为,将社会文化资源在地域空间中的流动与向地方渗透时间上的差序格局结合起来思考,或能将时空两个维度都有机纳入考察范围,为相关地方史的学术研究提供新的开拓渠道。

② 舒新城:《蜀游心影》,中华书局,1939年,第53页。

文化"又分别以何种渠道与作为时空单位存在的"地方史"建立起联系?① 这些都是一个个相当有意思的话题。只不过因学力与识见着实有限,笔者在史实考察中也并未能对上述问题一一作出圆满有力的诠释与回答。因此,本书只能说是一个非常初步的粗浅尝试而已,于"近现代国家历史在地方的呈现"这个大有可为的研究方向上,作了一点极其微小的探索,更深入全面的探讨,就有待学界同人的共同努力了!

---

① 一些学者对五四新文化运动及与之相关的新文化、新理念、新行为方式在浙江、上海、湖南、山东等地传播渗透及其影响的研究,已经开始较深入地回应、阐释上述这些问题。参见 Wen-hsin Yeh, *Provincial Passages: Culture, Space, and the Origins of Chinese Communism, 1919—1927*, Berkeley: University of California Press, 1996;凌云岚:《五四前后湖南的文化氛围与新文学》,北京大学出版社,2008年;季剑青:《地方精英、学生与新文化的再生产——以"五四"前后的山东为例》,《现代中国文化与文学》2009年第2期;徐佳贵:《"五四"与"新文化"如何地方化——以民初温州地方知识人及刊物为视角》,《近代史研究》2018年第6期;瞿骏:《觅路的小镇青年——钱穆与五四运动再探》,《近代史研究》2019年第2期;等等。

参考文献

报刊资料

《半月报》

《国民公报》

《新青年》

《新潮》

《时事新报》

《川西日报》

《新蜀报》

《晨报》

《少年中国》

《新中国日报》

档案、资料汇编、文史资料、工具书

中国第二历史档案馆、云南省档案馆编:《中华民国史档案资料丛刊·护国运动》,南京:江苏古籍出版社,1988年。

四川省文史研究馆编:《四川军阀史料》第1辑,成都:四川人民出版社,1981年。

废止内战大同盟编:《四川内战详记》(1933年4月),荣孟源、章伯锋主编:《近代稗海》第8辑,成都:四川人民出版社,1987年。

四川省地方志编纂委员会编:《四川省志·军事志》,成都:四川人民出版社,1999年。

四川省文史研究馆编:《民国四川军阀实录》第2辑,成都:四川人民出版社,2011年。

贾大泉主编:《四川通史(卷七·民国)》,成都:四川人民出版社,2010年。

四川省文史研究馆、四川省人民政府参事室编撰:《四川国民党史志》,成都:四川人民出版社,1994年。

四川省成都市政协文史委编:《成都文史资料选编·防区时期卷》,成都:四川人民出版社,2007年。

全国政协文史委编:《文史资料存稿选编》第4辑,北京:中国文史出版社,2002年。

中共新昌县委党史研究室、新昌县档案局(馆)编印:《梁柏台遗墨》,2007年。

中共浙江省委党史研究室编:《俞秀松纪念文集》,北京:当代中国出版社,1999年。

四川省合江县政协文史委编印:《合江县文史资料选辑》第11辑,1991年。

四川大学校史编写组编:《四川大学史稿》,成都:四川大学出版社,1985年。

成都市报刊志编纂委员会编:《成都报刊史料专辑》,1985年第1期。

中共一大会址纪念馆编:《中国共产党创建史研究》,上海:上海人民出版社,2012年。

中共重庆市委党史工委编印:《五四运动在重庆》,1984年。

艾芜:《艾芜文集》第2卷,成都:四川文艺出版社,1984年。

成都市总工会工人运动史研究组编印:《成都工人运动史资料》第3辑,1984年。

邱沛篁等:《巴金与四川大学》,成都:四川大学出版社,2015年。

四川省泸县县志办公室编:《泸县志》,成都:四川科学技术出版社,1993年。

四川现代革命史研究资料组编:《四川现代革命史研究资料》第2期,内部发行,1980年。

四川省文史研究馆编:《四川军阀史料》第2辑,成都:四川人民出版社,1983年。

四川省文史研究馆编:《四川军阀史料》第3辑,成都:四川人民出版社,1985年。

四川省政协、四川省省志编辑委员会编印:《四川文史资料选辑》第8辑,1979年。

四川省政协、四川省省志编辑委员会编印:《四川文史资料选辑》第5辑,1979年。

四川省政协、四川省省志编辑委员会编印:《四川文史资料选辑》第12辑,1979年。

四川省政协文史委编:《四川文史资料选辑》第26辑,成都:四川人民出版社,1982年。

四川省政协文史委编:《四川文史资料选辑》第28辑,成都:四川人民出版社,1983年。

四川省政协文史委编:《四川文史资料选辑》第31辑,成都:四川人民出版社,1983年。

四川省政协文史委编:《四川文史资料选辑》第37辑,成都:四川人民出版社,1983年。

四川省政协文史委编:《四川文史资料选辑》第38辑,成都:四川人民出版社,1988年。

四川省政协文史委编:《四川文史资料选辑》第43辑,成都:四川人民出版社,1995年。

中央档案馆、四川省档案馆编印:《四川革命历史文件汇集》甲1,1983年。

中央档案馆、四川省档案馆编印:《四川革命历史文件汇集》甲5,1985年。

中共四川省委党史工委编:《五四运动在四川》,成都:四川大学出版社,1989年。

中共綦江县委党史工委编印:《中共綦江县党史资料汇编》第1

辑,1986年。

中共綦江县委党史工委编印:《中共綦江县党史资料汇编》第4辑,1987年。

中共中央马恩列斯著作编译局研究室编:《五四时期期刊介绍》(第一集·上册),北京:生活·读书·新知三联书店,1978年。

中共四川省委组织部、中共四川省委党史研究室、四川省档案馆编:《中国共产党四川省组织史资料(1921—1949)》,成都:四川人民出版社,1995年。

中共四川省委党史研究室等编:《中国YC团(中国青年共产党)》,重庆:重庆出版社,1997年。

中共成都市委党史研究室编印:《中共成都地方历史资料选编》第一辑,2004年。

中国人民政治协商会议、四川泸州市委员会文史资料工作委员会编:《泸州文史资料选辑》第14辑,1988年。

张允侯等编:《五四时期的社团》(一),北京:生活·读书·新知三联书店,1979年。

张允侯等编:《五四时期的社团》(三),北京:生活·读书·新知三联书店,1979年。

时人著作、文集、日记、年谱、自述、书信集、回忆录

蒋伯英主编:《邓子恢闽西文稿(1916—1956)》,北京:中共党史出版社,2016年。

贺远明等选编:《吴芳吉集》,成都:巴蜀书社,1994年。

樊洪业、张久春选编:《科学救国之梦——任鸿隽文存》,上海:上海科技教育出版社,2002年。

胡兰畦:《胡兰畦回忆录(1901—1936)》,成都:四川人民出版社,1985年。

胡兰畦:《胡兰畦回忆录(1901—1994年)》,成都:四川人民出版社,1995年。

中共中央文献研究室编:《毛泽东年谱》,北京:人民出版社、中央文献出版社,1993年。

廖仲宣:《袁诗尧》,成都:成都科技大学出版社,1989年。

巴金:《巴金选集》第10卷,成都:四川人民出版社,1982年。

巴金:《巴金全集》第12卷,北京:人民文学出版社,1989年。

巴金:《巴金全集》第13卷,北京:人民文学出版社,1990年。

本社编辑部:《回忆恽代英》,北京:人民出版社,1982年。

曹伯言整理:《胡适日记全编》第3册,合肥:安徽教育出版社,2001年。

冯资荣、何培香编:《邓中夏年谱》,北京:中国文史出版社,2014年。

凌耀伦、熊甫编:《卢作孚集》,武汉:华中师范大学出版社,2011年。

李劼人:《李劼人选集》第5卷,成都:四川文艺出版社,1986年。

李劼人:《李劼人全集》第7、10卷,成都:四川文艺出版社,2011年。

龙显昭主编:《张澜文集》,成都:四川教育出版社,1991年。

李璜:《学钝室回忆录(增订本)》上册,台北:传记文学出版社,1979年。

刘文耀、杨世元编:《吴玉章年谱》,成都:四川人民出版社,1998年。

刘树发主编:《陈毅年谱》,北京:人民出版社,1995年。

李良明、钟德涛编:《恽代英年谱》,武汉:华中师范大学出版社,2006年。

荣县政协文史学习委员会、荣县档案馆编印:《荣县文史资料选辑》第15辑(曾莱烈士日记选),1999年。

沈云龙、张朋园等:《刘航琛先生访问记录》,北京:九州出版社,2012年。

吴虞:《吴虞日记》上册,成都:四川人民出版社,1984年。

余家菊:《余家菊景陶先生回忆录》,台北:慧炬出版社,1994年。

萧三等:《青年运动回忆录——五四运动专集(2)》,北京:中国青年出版社,1979年。

恽代英:《恽代英文集》(上卷),北京:人民出版社,1984年。

《袁玉冰日记》1921年3月17日(见CADAL数字图书馆数据库存手稿本)。

聂荣臻:《聂荣臻回忆录》,北京:解放军出版社,2007年。

杨森:《九十忆往》,台北:龙文出版社,1990年。

杨绍中等整理:《杨闇公日记》,成都:四川人民出版社,1979年。

阳翰笙:《阳翰笙选集》第五卷,成都:四川文艺出版社,1989年。

阳翰笙:《风雨五十年》,北京:人民文学出版社,1986年。

中共重庆市委党史研究室编:《邹进贤日记》,重庆:重庆出版社,1997年。

中央档案馆、中国革命博物馆、中共中央党校出版社编:《恽代英日记》,北京:中共中央党校出版社,1981年。

中共中央文献研究室等编:《毛泽东早期文稿》,长沙:湖南出版社,1990年。

《邓中夏全集》,北京:人民出版社,2014年。

中共四川省委党史工委编:《吴玉章文集》(上下),重庆:重庆出版社,1987年。

中国社会科学院近代史研究所编:《五四运动回忆录》(上下册),北京:中国社会科学出版社,1979年。

中国社会科学院近代史研究所编:《五四运动回忆录》(续),北京:中国社会科学出版社,1979年。

中国社会科学院近代史研究所中华民国史组编:《胡适来往书信选》(上),北京:中华书局,1979年。

张守广:《卢作孚年谱长编》,北京:中国社会科学出版社,2014年。

张羽、铁凤:《恽代英传》,北京:中国青年出版社,1995年。

张国焘:《我的回忆》,北京:东方出版社,1998年。

当代研究论著

(一)专著

王伊洛:《〈新新新闻〉报史研究》,成都:巴蜀书社,2008年。

彭通湖主编:《四川近代经济史》,成都:西南财经大学出版社,2000年。

张学君、张莉红:《四川近代工业史》,成都:四川人民出版社,1990年。

李德英:《国家法令与民间习惯:成都平原租佃制度新探》,北京:中国社会科学出版社,2006年。

[美]曾小萍著,董建中译:《自贡商人——近代早期中国的企业家》,南京:江苏人民出版社,2014年。

[美]费正清编:《剑桥中华民国史(1912—1949年)》上卷,北京:中国社会科学出版社,1993年。

张仲礼著,李荣昌译:《中国绅士——关于其在19世纪中国社会中作用的研究》,上海:上海社会科学院出版社,1991年。

[美]张灏著,高力克等译:《危机中的中国知识分子——寻求秩序与意义》,太原:山西人民出版社,1988年。

毛泽东:《毛泽东农村调查文集》,北京:人民出版社,1982年。

[美]齐锡生著,杨云若、萧延中译:《中国的军阀政治(1916—1928)》,北京:中国人民大学出版社,2010年。

李新、李宗一主编:《中华民国史》第2卷上册,上海:中华书局,2011年。

谢本书、冯祖贻主编:《西南军阀史》第1卷,贵阳:贵州人民出版社,1991年。

李宝明:《"国家化"名义下的"私属化":蒋介石对国民革命军的控制研究》,北京:社会科学文献出版社,2010年。

［美］杜赞奇著,王福明译:《文化、权力与国家——1900—1942年的华北农村》,南京:江苏人民出版社,1996年。

肖波、马宣伟:《四川军阀混战(一九一七年——一九二六年)》,成都:四川省社会科学院出版社,1986年。

汪朝光:《民国的初建(1912—1923)》,张海鹏主编:《中国近代通史》第6卷,南京:江苏人民出版社,2007年。

吕平登:《四川农村经济》,上海:商务印书馆,1936年。

周富道、马宣伟:《熊克武传》,重庆:重庆出版社,1989年。

匡珊吉、杨光彦主编:《四川军阀史》,成都:四川人民出版社,1991年。

彭明:《五四运动论文集》,广州:广东人民出版社,1978年。

聂元素等编辑整理:《陈毅早年的回忆和文稿》,成都:四川人民出版社,1981年。

张枬、王忍之编:《辛亥革命前十年间时论选集》第2卷上册,北京:生活·读书·新知三联书店,1963年。

舒新城:《蜀游心影》,上海:中华书局,1939年。

邱沛篁等主编:《新闻传播百科全书》,成都:四川人民出版社,1998年。

李盛平编:《中国近现代人名大辞典》,北京:中国国际广播出版社,1989年。

党跃武主编:《四川大学校长传略》第1辑,成都:四川大学出版社,2014年。

《少年中国学会周年纪念册》,上海:上海亚东图书馆,1920年。

刘国铭主编:《中国国民党百年人物全书》上册,北京:团结出版社,2005年。

汪一驹著,梅寅生译:《中国知识分子与西方:留学生与近代中国(1872—1949)》,台北:枫城出版社,1978年。

舒新城著,文明国编:《舒新城自述》,合肥:安徽文艺出版社,2013年。

何一民:《成都通史》第7册,成都:四川人民出版社,2011年。

温贤美、邓寿明:《五四运动与四川建党》,成都:四川人民出版社,1985年。

应星:《新教育场域的兴起(1895—1926)》,北京:生活·读书·新知三联书店,2017年。

[美]阿里夫·德里克(Arif Dirlik)著,孙宜学译:《中国革命中的无政府主义》,桂林:广西师范大学出版社,2006年。

陈丹晨:《巴金全传》,北京:中国青年出版社,2003年。

陈志让:《军绅政权——近代中国的军阀时期》,桂林:广西师范大学出版社,2008年。

傅钟:《征途集》,上海:上海文艺出版社,1993年。

马宣伟、肖波:《杨森》,成都:四川人民出版社,1989年。

秦德君、刘淮:《火凤凰——秦德君和她的一个世纪》,北京:中央编译出版社,1999年。

商金林编:《白马湖之冬》,南京:江苏文艺出版社,2009年。

四川省泸州师范学校校史组编印:《泸州师范(川南师范)校史:1901—1949》,内部发行,1991年。

四川省地方志编纂委员会编:《四川近现代人物传》第1辑,成都:四川省社会科学院出版社,1985年。

四川省委党史工委编:《四川党史人物传》第1卷,成都:四川省社会科学院出版社,1984年。

中共四川省委党史研究室编:《四川党史人物传》第2卷,成都:四川人民出版社,2016年。

中共四川省委党史研究室编:《四川留法勤工俭学运动》,成都:四川大学出版社,1993年。

中共四川省委党史研究室:《中国共产党四川历史(第一卷)》,北京:中央文献出版社,2009年。

中共四川省委党史研究室编:《中国共产党四川历史大事记(民主革命时期)》,成都:四川大学出版社,1997年。

王兴国:《杨昌济的生平与思想》,长沙:湖南人民出版社,1981年。

王奇生:《革命与反革命:社会文化视野下的民国政治》,北京:社会科学文献出版社,2010年。

王汎森:《中国近代思想与学术的系谱》(增订版),上海:上海三联书店,2018年。

鲜于浩:《留法勤工俭学运动史稿》,成都:巴蜀书社,1994年。

徐善广、柳剑平:《中国无政府主义史》,武汉:湖北人民出版社,1989年。

周策纵著,周子平等译:《五四运动:现代中国的思想革命》,南京:江苏人民出版社,1999年。

中共江油市委党史办公室编:《四川马克思主义运动选驱者——纪念王右木诞生一百周年》,成都:四川大学出版社,1988年。

中共江油市委王右木研究课题组编著:《先驱·先路:王右木与四川早期马克思主义运动研究》,北京:社会科学文献出版社,2021年。

张继禄等编:《中国共产党地方组织在四川的建立》,成都:四川人民出版社,2001年。

彭明:《五四运动史》,北京:人民出版社,1984年。

舒衡哲(Vera Schwarcz)著,李国英等译:《中国的启蒙运动:知识分子与五四遗产》,太原:山西人民出版社,1989年。

林毓生:《中国意识的危机:"五四"时期激烈的反传统主义》,贵阳:贵州人民出版社,1986年。

罗志田:《激变时代的文化与政治——从新文化运动到北伐》,北京:北京大学出版社,2006年。

罗志田等编:《地方的近代史州县士庶的思想与生活》,北京:社会科学文献出版社,2015年。

高力克:《五四的思想世界》,上海:学林出版社,2003年。

余英时:《重寻胡适历程:胡适生平与思想再认识》,上海:生活·读书·新知三联书店,2012年。

余英时:《现代危机与思想人物》,上海:生活·读书·新知三联书店,2012年。

[美]格里德著,鲁奇译:《胡适与中国的文艺复兴:中国革命中的自由主义》,南京:江苏人民出版社,2005年。

陈万雄:《五四新文化的源流》(修订版),北京:生活·读书·新知三联书店,2018年。

瞿骏:《天下为学说裂:清末民初的思想革命与文化运动》,北京:社会科学文献出版社,2017年。

黄爱军:《五四进步社团与中共创建关系研究》,北京:社会科学文献出版社,2018年。

[美]莫里斯·迈斯纳著,中共北京市委党史研究室编译组译:《李大钊与中国马克思主义的起源》,北京:中共党史资料出版社,1989年。

凌云岚:《五四前后湖南的文化氛围与新文学》,北京:北京大学出版社,2008年。

隗瀛涛:《四川近代史》,成都:四川省社会科学院出版社,1985年。

周勇主编:《重庆通史》,重庆:重庆出版社,2014年。

[美]柯白著,殷钟崃、李惟键译:《四川军阀与国民政府》,成都:四川人民出版社,1985年。

王春英:《民国时期的县级行政权力与地方社会控制:以1928—1949年川康地区县政整改为例》,成都:四川大学出版社,2012。

王笛著,李德英等译:《街头文化:成都公共空间、下层民众与地方政治(1870—1930)》,北京:中国人民大学出版社,2006年。

王笛:《茶馆:成都的公共生活和微观世界(1900—1950)》,北京:社会科学文献出版社,2010年。

[美]司昆仑著,王莹译:《新政之后:警察、军阀与文明进程中的

成都(1895—1937)》,成都:四川文艺出版社,2020年。

[美]司昆仑著,何芳译:《巴金〈家〉中的历史:1920年代的成都社会》,成都:四川文艺出版社,2019年。

张嘉友:《四川袍哥简史》,成都:四川大学出版社,2016年。

王笛:《袍哥——1940年代川西乡村的暴力与秩序》,北京:北京师范大学出版社,2018年。

王东杰:《国家与学术的地方互动:四川大学国立化进程(1925—1939)》,北京:生活·读书·新知三联书店,2005年。

Wen-hsin Yeh: *Provincial Passages: Culture, Space, and the Origins of Chinese Communism, 1919－1927*, Berkeley: University of California Press, 1996.

(二)论文

鲁克亮:《抗战时期重庆民众对日军轰炸的意识演变——以1938—1943年〈国民公报〉等报刊为主体的考察》,《西南大学学报(社会科学版)》2009年第1期。

刘金:《从民国报刊看近代四川农村经济破产之原因》,《重庆三峡学院学报》2015年第6期。

杨洁颖:《成都报刊抗战宣传研究——以〈新新新闻〉为例(1931—1945)》,西华大学硕士学位论文,2019年。

曹璐:《〈新新新闻〉报纸医药广告研究(1937—1945)》,西南交通大学硕士学位论文,2016年。

田永秀:《近代四川沿江中小城市研究》,四川大学博士学位论文,未刊稿,1999年。

李映涛:《民国前期内地城市工人生活研究——以成都为例》,《中华文化论坛》2005年第4期。

张杰:《传承与嬗变:近代成都城市手工业研究(1891—1949)》,华中师范大学博士学位论文,2016年。

王汎森:《主义与学问:一九二〇年代中国思想界的分裂》,收于许纪霖主编:《启蒙的遗产与反思》,南京:江苏人民出版社,2010年。

应星:《从"地方军事化"到"军事地方化"——以红四军"伴着发展"战略的渊源流变为中心》,《开放时代》2018年第5期。

陈志让:《中国军阀派系诠释》,收于张玉法主编:《中国现代史论集》第5辑,台北:联经出版社,1980年。

天仇:《讨袁世凯》(1912年4月26日),收于唐文权、桑兵编:《戴季陶集》,武汉:华中师范大学出版社,1990年。

张仲民:《舒新城和五四新文化运动》,收于牛大勇等编:《五四的历史与历史中的五四》,北京:北京大学出版社,2010年。

王先明:《试论城乡背离化进程中的乡村危机——关于20世纪30年代中国乡村危机问题的辨析》,收于徐秀丽等主编:《中国近代乡村的危机与重建:革命、改良及其他》,北京:社会科学文献出版社,2013年。

张永:《家庭伦理与革命伦理:中国共产党早期党员的伦理归属抉择》,《东南学术》2020年第3期。

罗志田:《近代中国社会权势的转移:知识分子的边缘化与边缘

知识分子的兴起》,《开放时代》1999年第4期。

余英时:《中国知识分子的边缘化》,《二十一世纪》(香港),1991年8月号,总第6期。

罗志田:《道出于三:西方在中国的再次分裂及其影响》,《南京大学学报(哲学社会科学版)》2018年第6期。

罗志田:《体相和个性:以五四为标识的新文化运动再认识》,《近代史研究》2017年第3期。

罗志田:《道出于二:过渡时代的新旧与中西》,《读书》2013年第6期。

杨道腴:《随感录》,上海《平民》第3号,1920年5月15日,第4版。

应星、荣思恒:《中共革命及其组织的地理学视角(1921—1945)》,《中共党史研究》2020年第3期。

汪寿华:《汪寿华日记·求知录》,《近代史研究》1983年第1期。

许纪霖:《信仰与组织——大革命和"一二·九"两代革命知识分子研究(1925—1935)》,《开放时代》2021年第1期。

许纪霖:《五四知识分子通向列宁主义之路(1919—1921)》,《清华大学学报(哲学社会科学版)》2020年第5期。

许纪霖:《从疑到信:五四两代知识分子的精神世界》,《天津社会科学》2020年第5期。

王东杰:《一个女学生日记中的情感世界(1931—1934)》,《近代中国妇女史研究》(台北)第15期。

徐跃:《民国时期四川民间慈善组织十全会的兴衰》,《四川大学学报(哲学社会科学版)》2018年第6期。

张楠:《少年中国学会成都分会研究》,山西大学硕士学位论文,2016年。

于海兵:《五四时期地方学生的革命之路——以南昌改造社及其团体生活为例》,《中共党史研究》2020年第6期。

叶文心:《空间思维与民国史研究》,《南京大学学报(哲学社会科学版)》2013年第1期。

徐佳贵:《"五四"与"新文化"如何地方化——以民初温州地方知识人及刊物为视角》,《近代史研究》2018年第6期。

瞿骏:《觅路的小镇青年——钱穆与五四运动再探》,《近代史研究》2019年第2期。

邓军:《从"良心"到"主义":恽代英与五四时期知识分子的社团组织困境》,《中共党史研究》2016年第4期。

季剑青:《地方精英、学生与新文化的再生产——以"五四"前后的山东为例》,《现代中国文化与文学》2009年第2期。

黄天华:《中共早期历史中值得关注的几个问题——以1921—1927年四川为例》,《四川师范大学学报(社会科学版)》2011年第4期。

黄天华:《从辛亥革命到新文化运动:吴虞与民初四川思想界的演变》,《四川大学学报(哲学社会科学版)》2011年第6期。

黄天华:《抗战后期地方军人筹组"西南联防政府"及各方因应》,《四川师范大学学报(社会科学版)》2020年第6期)。

黄天华:《青年党与国民党的明合暗斗(1946—1949)》,《社会科学研究》2020年第2期。

黄天华:《抗战时期青年党与川康军人的分合》,《四川师范大学学报(社会科学版)》2019年第6期。

黄天华:《四川政潮与蒋介石的因应(1937—1940)》,《历史研究》2017年第2期。

黄天华:《国家统一与地方政争:以四川"二刘大战"为考察中心》,《四川师范大学学报(社会科学版)》2008年第4期。

黄天华:《国家建构与边疆政治:基于1917—1918年康藏纠纷的考察》,《社会科学研究》2007年第3期。

栗民:《四川青年和留法勤工俭学运动》,《西南交通大学学报(社会科学版)》2002年第3期。

刘宗灵:《新式学生的聚合之途:报刊与"学生共同体"的打造——以民国初年为中心的讨论》,《晋阳学刊》2013年第1期。

刘宗灵:《民国初年的报刊与知识青年的人生样态——以青年杨贤江为例》,《宁波大学学报(人文科学版)》2012年第6期。

刘宗灵:《一九二九年"遂蓬起义"再研究——兼论土地革命时期中共领导武装斗争的内在问题》,《党史研究与教学》2018年第3期。

刘宗灵:《从"并行不悖"到"百川归海"——四川地区早期马克思主义者的聚合之途及群体特征分析》,《兰州学刊》2018年第4期。

刘宗灵:《论王右木与四川地区中国共产党早期党团组织的创建》,《绵阳师范学院学报》2018年第3期。

刘宗灵:《"象牙塔"抑或"十字街头":五四前后社会思潮中"学生"与"政治"对应关系之论争》,《党史研究与教学》2019年第6期。

刘慧英:《还巴金以历史的公正——论巴金与无政府主义》,《鲁迅研究月刊》1998年第5期。

刘慧英:《巴金的无政府主义与民族国家的关系》,《中国现代文学研究丛刊》2000年第2期。

刘文耀:《吴玉章前期政治思想研究(1913年—1921年)》,《社会科学研究》1994年第4期。

杨健:《新发现〈彭举日记〉述略》,《荣宝斋》2016年第7期。

于海兵:《革命青年的修身与自治——以〈袁玉冰日记〉为中心》,《学术月刊》2018年第5期。

章清:《民初"思想界"解析——报刊媒介与读书人的生活形态》,《近代史研究》2007年第3期。

章清:《五四思想界中心与边缘——〈新青年〉及新文化运动的阅读个案》,《近代史研究》2010年第3期。

张继才:《论联省自治运动中的吴玉章》,《华中科技大学学报(社会科学版)》2002年第5期。

王汎森:《五四运动与生活世界的变化》,《二十一世纪》(香港)2009年6月号。

王晴佳:《五四运动在西方中国研究中的式微?——浅析中外学术兴趣之异同》,《北京大学学报(哲学社会科学版)》2009年第6期。

邢家强:《论杨闇公的社会主义观》,《重庆交通大学学报(社会科学版)》2004年第2期。

许丽梅:《民国时期四川"五老七贤"述略》,四川大学硕士学位论文,未刊稿,2003年。

曾小敏:《李劼人在五四时期的报人生涯》,《文史杂志》2002年第3期。

成都市档案馆:《有关王右木与〈新四川〉、〈人声〉旬报的几件史料》,《民国档案》1990年第1期。

孟默:《新义化运动在四川》,《新文学史料》1979年第3期。

匡珊吉:《五四革命风暴在四川》,《社会科学研究》1979年第2期。

匡珊吉:《马克思主义的传播与四川建党》,《社会科学研究》1981年第6期。

张远波:《乱世兵患:1911—1935年川军与当地社会》,华中师范大学博士学位论文,2016年。

奂灵君:《四川袍哥研究》,四川师范大学硕士学位论文,2012年。

徐海凤:《灾荒与社会救助——以1936—1937年四川旱灾为中心的研究》,四川师范大学硕士学位论文,2008年。

程秀梅:《政府控制与四川农会组织的发展(1927—1949年)》,四川大学硕士学位论文,2007年。

胡红娟:《抗战时期四川的乞丐问题研究》,四川师范大学硕士学位论文,2008年。

赵红娟:《抗战时期四川难民问题研究》,四川师范大学硕士学位论文,2009年。

王东杰:《国中的"异乡":二十世纪二三十年代旅外川人认知中的全国与四川》,《历史研究》2002年第3期。

王笛:《"虚虚实实"——从〈国民公报〉看辛亥革命后地方社会的政治讽刺》,《史林》2012年第1期。

后 记

又是一个秋风肃杀、秋意浓烈的时节。十一年前的这个时候,笔者还在沪上一间六平方米左右的格子间里艰难而痛苦地撰写着博士论文,对自己的学术生涯与人生处境十分忧心焦虑,那种备受煎熬的场景,至今仍历历在目,不时令人心有戚戚焉,以至久久不能忘怀。

如今,春夏秋冬四季轮回,又是几度寒暑轮替,光阴的手指穿过岁月的迷雾,似触摸到了自己温暖的额头,不知不觉已是两鬓微霜,青丝间杂着缕缕白发。当年那个对学术满怀景仰之心的追梦青年如今已届不惑之年,虽未必油腻庸俗,却已历经了人生沧桑的淘洗与打磨,彼时的那些梦想,那些棱角,或都已如浪里水花般终至消失不见了。无处安放的,不是青春,而是理想;无法释怀的,不是时光的荏苒,而是现实的逼仄……

回首当年,苦苦撰写博士论文时,第一个孩子正待呱呱坠地,初为人父的喜悦,如今仍荡漾在心田,现在第二本专著即将付梓之际,第二个宝宝也即将降临这生机勃勃、烟火绵延的人间。这十年有余的时光,虽于学术而言已然大半荒废,但于家庭而言,却也是成员间慢慢磨合、互相扶助,并共同前行的历程。岁月虽甚艰难,相濡以沫足以安渡;生活虽历风霜,携子之手即可前行。本书甚为浅陋,本无颜呈献于学界同人与世人之前,但因各种因素所促,亦勉为其难斗胆出版,以献丑于诸位方家,还敬请识者多多给予批评教诲!最后,衷心感谢一路走来支持、帮助过笔者的家人、好友、同事、同行以及我的学生们,也十分感谢以极其耐心细致的态度仔细审阅拙稿的柯亚莉编辑,愿每一个用心生活的人儿都在这世上感受到岁月的温柔与静谧!

2021年深秋于蓉城清水河畔知秋斋